Couverture supérieure manquante

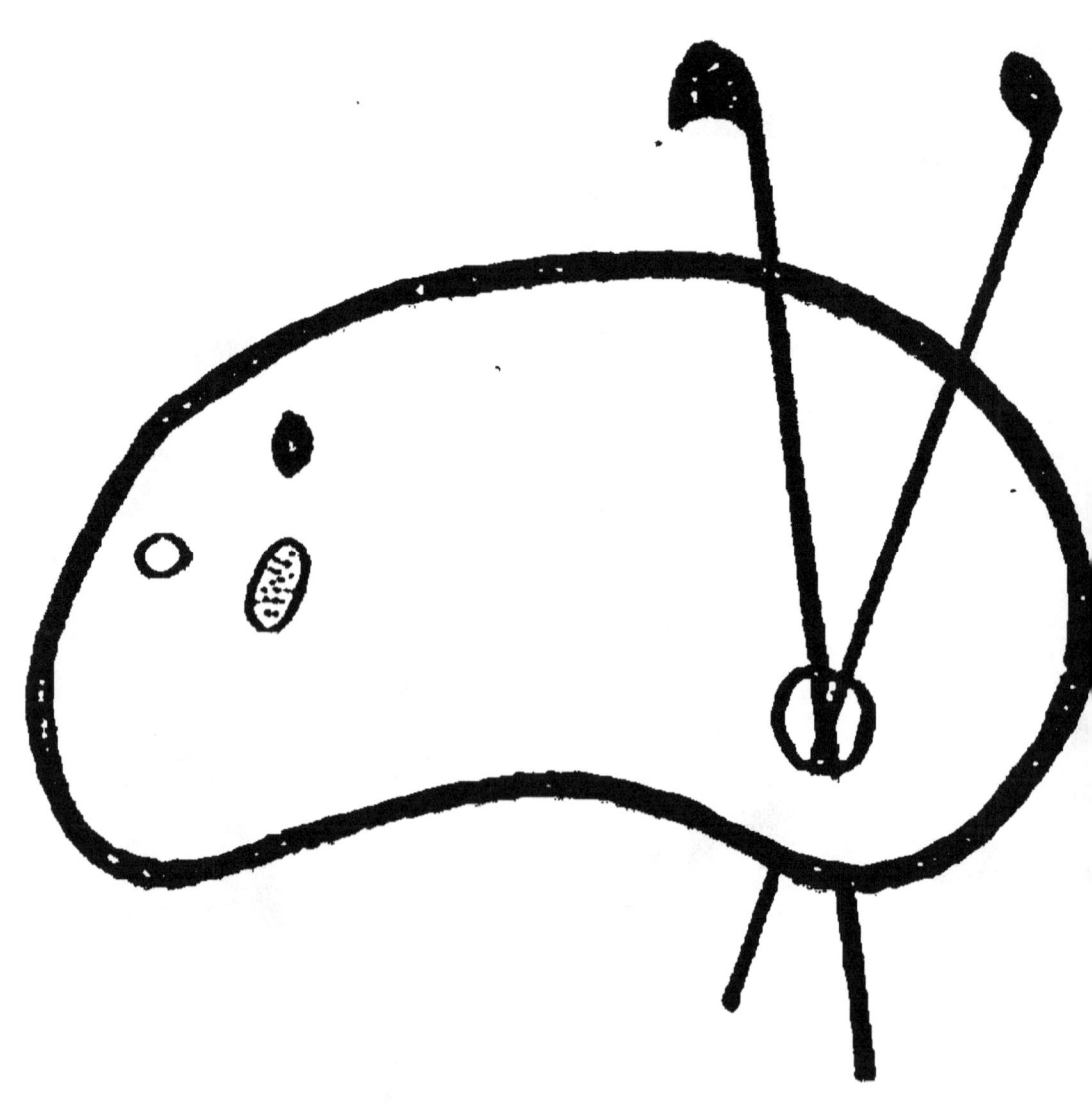

ORIGINAL EN COULEUR
NF Z 43-120-8

VASCO DE GAMA

Portrait de Vasco de Gama.

G. FÉLIX

VASCO DE GAMA

CÉLÈBRE NAVIGATEUR PORTUGAIS

(1469-1525)

TOURS
ALFRED CATTIER
ÉDITEUR

LÉON XIII ET LE IVe CENTENAIRE

DE

VASCO DE GAMA

IV. EXEVNTE. SAECVLO
POSTEAQVAM
VASCVS. DE GAMA
INTENTATO. CVRSV. CALECVTVM. APPVLSVS
LVSITANORVM. IMPERIVM. ET. NOMEN. PROPAGAVIT
ORIENTALIBVS. TERRARVM. FINIBVS
PARTAE. PER. CHRISTVM. HVMANITATI
AVSPICATO. RECLVSIS
IMMORTALE. FACTVM. GAVDET
ROMA. MEMOR

LEO PP. XIII.

« Quatre siècles après que Vasco de Gama, réalisant un voyage qui n'avait jamais été tenté, aborda à Calicut, propagea le nom des Lusitaniens, agrandit leur empire, ouvrit les frontières de l'Orient, Rome, qui se souvient, se réjouit de ce fait immortel, auquel tant d'hommes doivent d'avoir été régénérés dans le Christ.

Léon XIII, Pape. »

C'est par cette belle épigraphe que Sa Sainteté le Pape Léon XIII a tenu à ouvrir lui-même le magnifique album que la Commission romaine pour la commémoration du IVe Centenaire de Vasco de Gama a offert, à titre de souvenir, au roi de Portugal, don Carlos de Cobourg-Savoie.

VASCO DE GAMA

I

La nuit s'avançait déjà. Seul et silencieux, penché à la fenêtre de son palais, Emmanuel, le roi de Portugal, suivait d'un œil rêveur la scintillation des étoiles et semblait chercher dans le mouvement capricieux des nuages la solution d'un problème. L'immensité du ciel se confondait dans sa pensée avec l'immensité de la mer ; l'azur assombri lui parlait des océans lointains qu'avaient fait explorer ses devanciers, et l'horizon voilé lui rappelait les rives inconnues, mais soupçonnées, qui devaient reculer les bornes du monde.

Il y avait dix ans qu'un hardi navigateur, Barthélemy Diaz, avait couronné par la découverte du cap de Bonne-Espérance la longue série d'expéditions que, depuis soixante-dix ans, le Portugal poursuivait sur les côtes occidentales de l'Afrique. Diaz avait dépassé, à l'est, de 140 lieues la pointe extrême du continent africain; encore un pas, et il reliait les découvertes portugaises aux parties de l'Afrique connues des Arabes. Mais ce dernier pas, il ne l'avait pas fait, et Emmanuel se demandait à qui il confierait cette périlleuse mission, auquel de ses sujets était réservée cette gloire?

A cet instant, une ombre se dessina dans la nuit : c'était un homme de taille moyenne, la démarche fière, l'air martial, le front haut; ses deux ardentes prunelles brillaient dans l'obscurité. Il traversa lentement la cour sur laquelle donnait le balcon royal et disparut.

Une inspiration soudaine traversa la pensée du roi : « C'est celui-là, dit-il, qui accomplira en Orient le grand fait historique poursuivi par Jean II mon prédécesseur; Vasco de Gama sera le capitam-mor de la flotte des Indes.

Vasco de Gama... ce nom marque l'apogée de la gloire maritime du Portugal et résume l'histoire de ce petit État à une époque où, emporté au dehors par un mouvement précipité, entraîné dans un courant de conquêtes et de grandeurs rapides, il offrait au monde l'un des plus beaux exemples de ce que peut réaliser l'énergie, l'effort, l'activité, l'esprit de sacrifice. Après quatre siècles, l'expédition de Gama a gardé aux yeux de la postérité son caractère héroïque. Il y a, dans la succession rapide des événements, dans la bravoure indomptable des hommes, dans le mélange d'ambitions humaines et de zèle religieux, dans l'expansion impétueuse, à travers les contrées immenses du sud de l'Asie et des grands archipels océaniens, d'une nation qui tient une si petite place sur la carte d'Europe, il y a dans ce spectacle de l'établissement de la domination portugaise en Orient quelque chose d'éblouissant et de chevaleresque, unique dans l'histoire.

Ce petit peuple de hardis marins a su fonder des capitales à 2.000 lieues de ses frontières, et, durant près d'un siècle, conserver un empire qui fut un instant plus vaste que l'empire romain. Prédestiné par sa position géographique à la découverte de l'Océan et des mers de l'Inde, sa gloire fut de ne pas faillir à sa mission. Avec des ressources qui, aujourd'hui, nous paraîtraient non seulement insuffisantes, mais dérisoires, il a changé les voies du commerce, reculé les bornes de la civilisation et du christianisme, fait passer l'Europe dans l'Amérique et dans l'Inde. Et

Camoëns, son grand poète, a pu, sans exagération poétique, dire au monarque qui présidait aux destinées de sa patrie : « Roi puissant, dont les vastes États embrassent à la fois les lieux où naît le soleil, ceux qu'il éclaire à son midi et les climats qui reçoivent ses derniers feux, ton génie doit un jour subjuguer le féroce Ismaélite, le Turc oppresseur de l'Asie et l'idolâtre qui boit les eaux du fleuve sacré...

« Les fils de la Lusitanie, bravant sur des barques fragiles les caprices de la mer et des vents, s'ouvrent des routes inconnues. Des bords lointains où Phébus expire, ils ont prolongé leurs découvertes au-delà des contrées qu'il échauffe au milieu de sa course, et ne s'arrêteront qu'à son berceau. »

Le poète écossais, Buchanan, écrivant à Jean III, roi de Portugal, exprimait la même pensée :

> Tu règnes sur tous les climats :
> Le Dieu du jour à son aurore
> Éclaire tes vastes États,
> Et le soir le retrouve encore.
> Qu'il brille sous des cieux nouveaux,
> Qu'il visite la terre ou l'onde,
> Il rencontre aux deux bouts du monde,
> Ou tes remparts ou tes vaisseaux.

Météore inouï de puissance et de gloire, aussi

merveilleux et brillant que passager et rapide, le Portugal fut un instant l'étonnement du monde ; mais il épuisait son épargne en flottes, en armées, en construction d'arsenaux, de citadelles, et bientôt le royaume, appauvri par les conquêtes, obéré par la victoire, n'eut plus de quoi suffire aux besoins de ses armées ; l'État finit par ne plus pouvoir nourrir ceux qui l'avaient le mieux servi.

Néanmoins je ne sais rien de plus capable de retremper le cœur, de relever les énergies que l'exemple de ces hommes dont la vie tout entière est un long sacrifice inspiré par l'amour de la patrie et le souci de sa grandeur. Le Portugal vit surgir du milieu de sa glorieuse tourmente du xv° et du xvi° siècle, toute une pléiade d'hommes de génie que les épreuves ne détournèrent pas du but proposé, et c'est la vie du plus illustre d'entre eux qu'après quatre cents ans écoulés, nous avons trouvé bon de remettre sous les yeux de la jeunesse contemporaine.

Elle y verra ce que c'est que la véritable énergie, la vraie grandeur, ce que c'est qu'un caractère, chose devenue rare à notre époque. Elle comparera ses souffrances oisives, ses peines factices ou frivoles, avec les grandes souffrances de ces grands cœurs, et secouera peut-être ses tristesses malsaines pour affronter des épreuves plus réelles, plus utiles, plus dignes aussi de l'âme humaine.

Nous voudrions encore, en racontant à la jeunesse française la vie d'un marin illustre, lui donner l'amour de la mer. En effet, la marine a peu de place dans l'histoire de ce pays, et si vous feuilletez quelques volumes d'histoire mis entre les mains des enfants, vous n'y verrez apparaître la marine que dans des épisodes rapidement contés et qui ne sont jamais clairement rattachés au sujet principal.

Cependant « les mers sont ouvertes à d'immenses pays absolument neufs et deviennent de plus en plus le véritable terrain de la lutte pour la vie. Les mers sont le chemin durant la paix et l'obstacle durant la guerre. Or la France se sert peu de ce chemin et laisse avec trop d'insouciance grandir l'obstacle ».

La marine marchande y est plus ignorée encore que la marine militaire. Sauf dans quelques ports, on n'entend jamais parler d'elle.

« Le commerce maritime est cependant la véritable source de la fortune d'un peuple. C'est par lui qu'il échange son travail avec ses voisins, et trouve un bénéfice immédiat au transport de ses produits. Le commerce d'échange entre les provinces d'un même État n'a pour résultat qu'une apparence de richesse de peu de durée; un grand corps ne peut vivre sans aliments pris au dehors; il risque de se consumer bientôt lui-même. D'autre part, la marine de commerce est la pépinière de la marine de guerre ; elle entretient pendant la paix les qualités nautiques de la population des côtes, indispensables pour l'usage des vaisseaux. La marine, dans son ensemble, est une armée de paix ou de guerre qui, contrairement à l'armée proprement dite, ne coûte rien à l'État et qui, au contraire, l'enrichit même en temps de guerre si, par sa puissance, elle a pu franchir l'obstacle et préserver le chemin [1]. »

« La mer est la grand route de notre planète ; la mer est le champ d'exercice des peuples, elle est l'arme ouverte à leurs entreprises et le berceau de leurs libertés. La mer est le riche pâturage où les nations engraissent leurs troupeaux. Qui n'a point la mer est exclu des biens et des honneurs du monde et délaissé de Dieu. Dans la mer les peuples prennent des bains fortifiants et retrempent leurs membres, animent leur intelligence et l'ouvrent aux grandes

[1] Marquis de Bonnin de Fraysseix.

pensées ; ils s'exercent les yeux du corps et de l'esprit. Une nation sans navigation est un oiseau sans ailes, un lion sans dents, un chevalier armé d'une épée de bois, un ilote et un esclave. »

Ce poétique hommage rendu à la mer exprime bien les aspirations du moment, les grandes préoccupations de notre époque et nous souhaitons que la jeunesse française, soucieuse de la gloire et de la fortune de son pays, se pénètre bien de cette vérité qu'expérimentèrent les rois de Portugal aux jours de leur splendeur : « La maîtrise des mers donne la puissance, et le trident de Neptune est bien réellement le sceptre du monde. »

II

Vasco de Gama, ce premier explorateur des Indes, appartenait à une ancienne famille dont la noblesse est bien avérée. Au temps d'Alphonse III, un Alvaro Torrez da Gama avait pris part à la conquête des Algarves ; c'est le premier ascendant connu de notre héros.

Le père de celui-ci, Estevan da Gama, avait été nommé commandeur de Seixal. Vivant sur la côte de

Algarves et devenu alcaïde de Sylves, il s'était voué exclusivement aux grandes expéditions maritimes qui partaient de ces régions. Il avait épousé dona Isabelle Sodie, fille de João de Resende, provéditeur des fortifications de Santarem. Ils eurent une nombreuse famille. Le plus illustre d'entre leurs enfants devait être Vasco de Gama, qui naquit dans la petite ville maritime de Sinès, à environ 24 lieues de Lisbonne.

La date de sa naissance n'est pas certaine, et ses premières années n'offrent aucun trait saillant qui ait passé à la postérité. Comme pour tant d'autres génies, son histoire commence avec les premiers rayons de sa gloire. On suppose qu'il vit le jour en 1469, et tout porte à croire qu'il commença sa carrière dans les mers d'Afrique. Avant les mémorables découvertes qui devaient illustrer son nom, Gama avait déjà acquis une grande expérience dans la navigation. Très jeune, il avait aimé la mer et, du reste, il avait grandi en écoutant les récits enthousiastes des merveilleuses excursions maritimes qui occupaient alors ses concitoyens. C'était l'heure où des vents propices, enflant les voiles du Portugal, semblaient vouloir porter aux extrémités du globe ses marins entreprenants et hardis.

Déjà ils avaient affronté « la mer impénétrable et l'Océan ténébreux » : Joâo de Santarem et Petro de Escalone, les explorateurs de la côte de Guinée, portaient leurs reconnaissances au-delà du Gabon jusqu'au delta du fleuve Ogovaï et au cap Santa-Catarina. Pour la première fois, la ligne était franchie, et le pavillon portugais flottait dans l'hémisphère austral.

L'Église elle-même s'émut de ces tentatives hardies et les bénit. Pour les encourager et assurer aux Portugais le fruit de leurs découvertes, l'infant don Henri, qui était alors le mobile et l'instigateur de ces grandes navigations, pria le pape Eugène IV de vouloir bien les sanctionner par l'autorité apostolique. « Très Saint-Père, disait-il, depuis vingt ans je travaille à découvrir des pays inconnus dont les malheureux habitants sont plongés dans l'idolâtrie ou séduits par les illusions du mahométisme, je vous supplie donc, vous à qui, en qualité de vicaire de Jésus-Christ, sont assujettis tous les royaumes de la terre, de conférer à la couronne du Portugal un droit sur les pays des infidèles qu'elle découvrira. Je conjure Votre Sainteté d'enjoindre à toutes les puissances chrétiennes de ne point inquiéter les Portugais pendant qu'ils sont engagés dans cette louable entreprise et de ne point s'établir dans les pays qu'ils découvriront. L'objet principal de nos expéditions est de faire connaître la religion chrétienne, d'étendre l'autorité du Saint-Siège et d'augmenter le troupeau du pasteur universel. »

Eugène IV rendit une bulle par laquelle, après avoir loué dans les termes les plus flatteurs la conduite passée des Portugais et les avoir exhortés à persévérer dans la carrière où ils étaient entrés, il leur accordait un droit exclusif sur tous les pays qu'ils découvriraient jusqu'au continent de l'Inde.

A cette époque, le zèle religieux était un principe actif et puissant qui influait sur la conduite des nations; la décision du Pape fut respectée, et les princes chrétiens ne songèrent ni à entrer dans les pays découverts par les Portugais, ni à interrompre les progrès de leur navigation et de leurs conquêtes.

La mort du prince Henri de Portugal ralentit la passion pour les grandes découvertes, et, durant de longues années, les Portugais ne songèrent plus à dépasser des parages où les retenaient d'ailleurs la richesse des échanges et le soin d'élever des forts pour les protéger.

Ce ne fut qu'en 1484 que Diego Cam franchit le cap Sainte-Catherine, arriva à l'embouchure du Zaïre, sous le 6ᵉ degré de latitude méridionale, et, après avoir remonté ce grand fleuve à une certaine distance dans les terres, continua d'avancer au sud, jusqu'à la distance de 1125 milles du cap Sainte-Catherine, érigeant à chaque station des colonnes aux armes royales.

On conçut alors l'espérance de faire le tour de l'Afrique, comme on le disait des anciens Phéniciens et des Carthaginois. Dans cette vue, le roi Jean II envoya des ambassadeurs à l'empereur chrétien d'Éthiopie, pour prendre des renseignements sur la côte orientale de l'Afrique et sur l'Inde. D'un autre côté, à peine Diego Cam était-il de retour à Lisbonne qu'une nouvelle expédition était organisée sous le commandement de Barthélemy Diaz, chargé de continuer les recherches sur la côte occidentale. Parvenu à 120 lieues au-delà du point visité par les derniers navigateurs, Diaz y érigea une croix avec les armes du Portugal, puis, se lançant sur l'Océan, il ne prit plus terre et dépassa l'extrémité méridionale de l'Afrique sans l'apercevoir. Mais, au retour, Diaz, plus heureux que ses devanciers, vit se dresser devant lui l'imposant promontoire qui forme la pointe australe de l'Afrique. La joie et la surprise des navigateurs furent extrêmes ; mais une affreuse tourmente, survenue brusquement, faillit changer en un jour de deuil cette heure d'allégresse. Les navigateurs échappèrent au danger, élevèrent sur le cap une croix qu'ils dédièrent à Saint-Philippe, et, en souvenir de la tempête qui avait failli les perdre, Diaz donna à la pointe de terre le nom de cap des Tempêtes. C'est ainsi qu'au retour il le nomma devant le roi : « Non, non, protesta Jean II, ce nom de triste augure ne convient pas au cap qui nous ouvre la route de l'Asie ; il sera nommé le cap de Bonne-Espérance. »

On se figure aisément quelle fascination devait exercer sur l'ardente imagination de la jeunesse portugaise ces voyages lointains, mystérieux, pleins d'aventures héroïques, de rencontres périlleuses, de conquêtes inespérées. Tous les enfants du Portugal rêvaient d'être marins, et le petit Vasco dut bien des fois contempler avidement la mer avant de l'affronter.

A l'époque où Barthélemy Diaz revenait de son expédition, la réputation de Gama comme marin n'était plus à faire ; ses talents, bien qu'il fût jeune encore, inspiraient déjà une telle confiance à Jean II que, sur l'ordre de ce monarque entreprenant, il se disposait à aller faire le tour de l'Afrique et à tenter, lui aussi, le passage des Indes. Les instructions nécessaires pour accomplir cette expédition nouvelle étaient déjà rédigées, quand la mort du roi vint tout remettre en question et ajourner indéfiniment ces vastes projets.

Forcé d'attendre des ordres nouveaux, Gama explora longtemps par l'étude et par la pensée ces régions dont il devait un jour cingler les mers et fouler le sol. Ne prévoyant pas d'ailleurs d'expédition prochaine, il songea à se marier et épousa dona Catarina d'Attaïde, l'une des plus grandes dames de la cour. Son fils aîné venait de naître quand Vasco de Gama fut appelé par le roi Emmanuel, qui, depuis deux ans, avait succédé à Jean II. Le nouveau monarque, fidèle à l'inspiration qu'il avait eue à la fenêtre de son palais, ordonnait à Gama de se rendre aux Indes en suivant la route marquée par Diaz.

L'expédition décidée, toutes les précautions furent prises pour en assurer le succès.

Et tout d'abord, pour réaliser des découvertes pareilles à celles qu'on allait tenter, il était nécessaire que les navires fussent en petit nombre et d'un port peu considérable. En conséquence, on construisit quatre petits bâtiments dont le plus grand ne devait pas excéder 120 tonneaux.

Il ne fallait pas, en effet, pour se diriger vers des terres si complètement ignorées, des vaisseaux de grande dimension; l'essentiel était qu'ils fussent agiles, faciles à la manœuvre, de façon à ce qu'ils pussent partout entrer et sortir aisément.

La construction de ces navires prit la proportion d'un événement national. D'habiles architectes, secondés par d'habiles ouvriers, les aménagèrent avec le plus grand soin. On y employa les meilleurs matériaux, les bois les plus solides et les ferrements les mieux choisis. Chaque navire fut pourvu d'un triple rechange de voiles et d'amarres; les autres apparaux, aussi bien que les cordages, furent doublés trois ou quatre fois. Les fûts des tonneaux, des pipes, des barils contenant le vin, l'eau, le vinaigre, l'huile, furent renforcés par de nombreux cercles de fer. Les approvisionnements de pain, farine, viande, légumes; les objets de pharmacie, l'artillerie, l'armurerie, tout fut fourni en aussi grande quantité que les circonstances l'exigeaient; il y eut plus que le nécessaire, il y eut le superflu. Les principaux pilotes, les meilleurs marins, les plus habiles en l'art de la navigation furent donnés à Gama comme compagnons de route.

Le commandant de la flottille, qui ne prenait encore à cette époque que le nom de capitam-mór, équivalant à

Le Sam-Gabriel, commandé par Gama.

celui de chef d'escadre, planta son pavillon à bord du *Sam-Gabriel*, le plus important des quatre bâtiments, puisqu'il jaugeait 120 tonneaux: *Le Sam-Raphaël*, qui n'en avait que 100, eut pour commandant Paulo de Gama, le frère de notre héros. La troisième caravelle, que l'on désigna sous le nom de *Berrio*, et qui n'était que de 50 tonneaux, eut pour capitaine un marin des plus habile, Nicolas Coelho. Enfin un petit bâtiment, en dehors de l'expédition, mais chargé de munitions, avait pour capitaine Pedro Nunez, un serviteur de Gama.

Barthélemy Diaz devait accompagner sur un navire chargé d'approvisionnements l'aventureuse flottille ; mais il avait ordre de se diriger ensuite vers la Côte-d'Or et de se rendre à Mina. Le pilote expérimenté qui lui avait fait doubler le cap des Tempêtes, Pero de Alemquer, devait diriger la marche du vaisseau que montait Gama. Les deux autres pilotes étaient João de Coimbre et Pero Escolar.

Cent soixante hommes, robustes et résolus, furent choisis spécialement pour prendre part à l'expédition ; parmi eux on comptait quelques soldats d'élite.

Cette première flotte ne pouvait, pour son départ, choisir, comme on l'a fait depuis, l'époque favorable des moussons. Vasco de Gama ignorait et la direction des vents généraux qu'il fallait aller chercher et les lieux de relâche que des cartes plus que sommaires indiquèrent un peu plus tard, mais dont on n'avait alors aucune idée. En face de ces difficultés qui en eussent fait reculer plus d'un, Gama se contenta de dire : « Dieu donne les moyens pour accomplir, lorsqu'est arrivé le jour de ses desseins ! »

Il était de la milice du Christ, de cet ordre fameux, qui avait son siège à Thomar, et son premier soin fut d'aller demander des prières à un ermitage auquel l'infant don Henri avait confié les bulles obtenues jadis du pape Eugène IV. On arrivait à cet ermitage du *Rastello*, en suivant le Tage, sur la rive droite, à une lieue de Lisbonne. Cet emplacement, voisin de l'ancrage le plus sûr que pussent rencontrer les navires qui avaient franchi la barre, était également le point le plus rapproché du lieu que choisissaient ceux qui se préparaient à entreprendre un long voyage. C'est là, sur le terrain même où s'est élevé depuis le magnifique couvent de Belem, qu'on voyait une pauvre chapelle desservie par une société de hiéronymites. L'humble sanctuaire fut témoin de la veillée d'armes de Vasco de Gama qui, en compagnie des autres capitaines, y passa la nuit du 7 juin 1497. Les navigateurs venaient recommander à Notre-Dame de Bethléem leur grande et redoutable entreprise.

Les préparatifs extraordinaires qui avaient précédé le départ de la flotte avaient excité au plus haut point la curiosité du public, qui ignora longtemps le but de cette nouvelle mission et la date de l'embarquement.

Ile de Madère.

Aussi tout Lisbonne s'émut quand, le 8 juin, la flottille mit à la voile.

Une grande multitude, attirée par l'intérêt religieux qu'inspirait cette expédition, se rendit sur la plage. Les prêtres venus de Lisbonne pour dire la messe et les moines de l'ermitage organisèrent « une dévote procession ». On les vit s'avancer religieusement vers les navires, portant des torches de cire à la main ; la foule les suivait répondant par ses chants aux litanies. Ils arrivèrent ainsi près des vaisseaux que l'officiant bénit, selon la teneur des bulles papales. « Et durant cet acte, il se répandit tant de larmes qu'à partir de ce jour le rivage prit possession de ces immenses douleurs !... On l'appela depuis la rive des pleurs pour ceux qui s'en vont... la terre de la joie pour ceux qui reviennent. »

Cette joie du retour, on ne la prévoyait guère ; aussi quand les matelots, larguant les voiles, poussèrent le cri accoutumé de l'heureux départ, « une pieuse humanité fit redoubler ces larmes, et les prières recommencèrent. »

Enfin les navires s'ébranlent ; les couleurs de la patrie flottent au gré d'un vent propice. Une immense acclamation salue une fois encore les navigateurs, et ceux-ci, fiers du rôle, aussi flatteur qu'audacieux, qui leur est confié, partent en entonnant le chant national.

Peut-être voulaient-ils ainsi se cacher à eux-mêmes les tristesses du départ; ils craignaient de s'attendrir, de chanceler au dernier moment. Hélas! ils allaient vers l'inconnu, et combien d'entre eux ne devaient pas revoir la famille à laquelle ils disaient adieu.

Les navires s'éloignaient. Le cours du Tage n'apparaissait plus que pareil à un ruban d'azur; on salua encore en passant la ville d'Estramadure, puis les collines s'effacèrent peu à peu, la terre s'évanouit, et l'on ne vit plus que le ciel et l'eau.

Quand ils revirent la terre, ce n'était plus celle de la patrie. Ils saluèrent de loin les montagnes et les villes de la Mauritanie, passèrent devant la grande île de Madère dont la découverte, relativement récente, était due aux encouragements de l'infant don Henri.

Cette île était tellement boisée que les premiers colons, pour se faire jour à travers les forêts, y mirent le feu. L'incendie une fois allumé ne s'arrêta plus, et dura, dit-on, sept années entières. Sur ces terrains anciennement occupés par les bois, le prince Henri fit planter des vignes qu'il avait fait venir de la Grèce. Ce sont ces plantations qui donnent, encore aujourd'hui, les vins renommés, connus dans toutes les parties du monde.

« Talent de bien faire ». Cette devise du prince Henri sera la nôtre, se dirent en passant les pilotes et les matelots. Et ils devaient tenir parole.

III

La marine au temps de Gama ne ressemblait guère à ce qu'elle est devenue depuis, et il est difficile aujourd'hui de se faire une idée exacte des dangers que les navigateurs d'alors avaient à affronter et à vaincre pour réaliser les voyages au long cours qu'ils entreprenaient avec tant de hardiesse. La science de la marine a fait, comme tant d'autres sciences, d'admirables progrès, la vapeur l'a en quelque sorte transformée, et l'on ne conçoit guère de construction plus parfaite que celle des navires qui sillonnent actuellement les mers. Les corvettes, les goëlettes, les frégates, les cuirassés, les torpilleurs qui font l'orgueil de la marine contemporaine n'étaient alors pas connus ou n'existaient qu'à l'état d'enfance, et le mode de navigation présentait infiniment moins que de nos jours des chances de réussite. A l'époque de la marine à voile, dont le vent était l'auxiliaire indispensable, l'attention du marin était nécessairement plus habituelle et plus grande, le travail était décuplé; il fallait calculer avec soin l'effet du vent, déterminer la pesanteur de l'eau et sa résistance, connaître le centre d'impulsion du vent dans les voiles, sa direction, son intensité.

Mais si la marine d'aujourd'hui est plus savante, si les vaisseaux sont plus parfaits, plus commodes, plus résistants, je ne sais s'ils offrent, dans nos ports, un coup d'œil plus imposant que celui des navires qu'enveloppaient jadis des voiles énormes et que dominaient les grands mâts. Rien de majestueux comme ces vieux vaisseaux de guerre, armés de cent canons, montés par mille guerriers, dont la brise enflant les voiles, balançait sur les eaux la pesante masse et la portait au sein de l'Océan. La variété était peut-être plus grande encore qu'aujourd'hui, car chaque ingénieur, chaque homme de mer, avait son système spécial, les caprices de son goût inventif; chaque marine avait son genre à elle, ses allures, ses formes favorites, assez distinctes les unes des autres, pour qu'un marin exercé reconnût toujours à un certain je ne sais quoi, le navire inconnu qui passait à côté du sien. Chaque nation d'ailleurs avait pour la construction de ses vaisseaux un génie très particulier, très personnel, aussi existait-il une étrange dissemblance entre les navires qui se croisaient dans les ports.

A cette diversité, le tableau déjà si mobile des ports gagnait une animation pleine de charme et d'intérêt et il ne faut pas s'étonner si les scènes maritimes ont dès lors inspiré les poètes et les artistes. Ils ont peint et chanté ces cités ailées qui se balancent sur les eaux, cette vaste plaine liquide dont on ne connaît pas les limites, ce monde plein de magnificences dont la vue fait naître tant de vives émotions, avec ses calmes riants ou terribles, ses bourrasques, ses tempêtes terrifiantes, ses effets, ses caprices variés de mille nuances et son aspect aussi imposant que celui du ciel. Qu'y a-t-il de plus beau que la mer et de plus capable de parler à l'imagination de l'artiste? Au XVIe siècle tout une pléiade de peintres se prenant de passion pour l'Océan, viennent lui demander des inspirations. Après les Flamands, Paul Brie et Willaert, nous voyons apparaître les italiens Canaletto avec ses admirables vues de Venise, et les trois Carrache; puis arrive le célèbre Guillaume Van-den-Velde qui dessinait si bien les vagues et qui, pendant une grande bataille navale allait de vaisseau en vaisseau, suivant de l'œil toutes les manœuvres sous le feu des batteries. On raconte de lui qu'un jour il eut à peine le temps de quitter le pont d'un navire qui, quelques minutes plus tard, allait sauter. Il voulait être à portée de tous les périls pour les mieux reproduire. Les matelots les plus aguerris s'étonnaient de voir cet homme, avec son enthousiasme d'artiste, assister, le crayon à la main, au choc épouvantable de deux navires et rendre avec une admirable précision et une vérité frappante les détails de cette scène tragique. Ses tableaux acquirent une prodigieuse célébrité : les Etats de Hollande lui commandèrent des œuvres importantes et le roi Charles II le fit venir à Londres, ainsi que son fils, auquel Van-den-Velde devait léguer son talent et sa gloire. La Hollande surtout est riche en peintres de marines et nous nous contenterons de citer les noms célèbres de Vanderheyden, de Wlieger, de Cuyp, de Ruysdael, de Van Everdingen. Ce dernier fut plus terrible, plus vrai que tous ses rivaux ; on ne saurait voir sans émotion ses tempêtes en pleine mer. Le ciel se confond avec les vagues, se déchire à la lueur des éclairs ; le vent fait craquer les mâtures ; les vaisseaux se heurtent, se brisent, se disloquent, et l'œil du spectateur les voit avec angoisse s'enfoncer dans l'abîme.

Nommons encore Salvator Rosa, cet autre peintre d'une fougue si sauvage, dont les musées de l'Europe se disputèrent les scènes maritimes, et hâtons-nous d'arriver à Claude Lorrain le plus grand paysagiste de l'école française, qui a laissé sept marines admirables; puis à Joseph Vernet, dont le talent a surpassé, en ce genre, celui de ses prédécesseurs. Il a exécuté plus de deux cents tableaux dont on ne peut se lasser de contempler les merveilleux effets de lumière. Comme les Flamands, il fut passionné pour son art au point de braver les plus grands périls. Au cours d'un de ses voyages, le navire sur lequel il se trouvait fut assailli par une tempête à la hauteur d'Antibes; le naufrage semblait imminent; Vernet, qui ne s'en effrayait guère, se fit attacher à un mât pour jouir à son aise des effets de la mer houleuse. Enfin, terminons cette rapide nomenclature, par le nom d'un peintre de ce siècle, Eugène Delacroix, dont le premier succès, *la Barque du Dante*, fait époque dans l'histoire de l'art contemporain.

Cette fascination exercée par la mer, nul ne la subit peut-être à un plus haut degré que les Portugais.

Et ils en étaient non seulement les amis et les admirateurs, mais encore ils possédaient le caractère vraiment distinctif du marin : l'élévation dans les sentiments, l'abnégation dans l'obéissance. Alors plus encore qu'aujourd'hui, le vrai matelot travaillait toujours et en tout temps : tour à tour voilier, calfat, gabier, artilleur, il exerçait toutes les industries du bord, était familiarisé avec les plus grands dangers et n'en voyait aucun dont il n'espérait sortir par son sang-froid et son habileté. Il se contentait de peu, supportait les privations avec indifférence et montrait en toutes circonstances un génie inventif qui rendait son concours utile, même dans les choses les plus étrangères à sa partie. En général, l'homme de mer aime ses égaux, s'attache passionnément à ses chefs, est vraiment admirable dans l'oubli des mauvais traitements : le pardon des injures, vertu commune parmi les marins, leur est d'autant plus nécessaire que les heurts sont plus faciles en mer que sur la terre ferme. Rien en effet n'agit plus violemment sur le caractère que l'inévitable monotonie des longs voyages maritimes et tous les marins savent ce qu'il faut de courage et d'énergie pour se soustraire à cette dissolvante influence. Il n'est pas rare de voir des natures douces et bonnes, devenir irritables et susceptibles ; de là des chocs, des antipathies momentanées qui deviendraient dangereuses pour la paix si elles n'étaient contrebalancées par l'oubli, le pardon, que chacun à son tour doit plus ou moins attendre de la charité de son voisin.

Rien de pénible ne vint troubler la navigation des premiers jours et, dès le samedi suivant, on se trouvait en vue de Canaries. La flottille passa la nuit sous le vent de Lançarate, poursuivit sa navigation et atteignit le Rio do Ouro, cette rivière sur les bords de laquelle les Maures avaient jadis apporté à Antonio Gonzalès une quantité prodigieuse de poudre d'or. Il y avait un demi-siècle de cela ; mais le cours d'eau avait gardé ce nom, qu'il porte encore aujourd'hui.

Un ciel jusqu'alors serein avait éclairé la course paisible des navigateurs, mais peu à peu le brouillard s'éleva et prit bientôt une telle intensité que les navires ne s'apercevaient plus. Celui que commandait Paulo de Gama fut séparé de la flottille, et l'on se figure l'anxiété de Vasco quand, le soleil ayant reparu, il chercha vainement du regard, sur la plaine liquide, le vaisseau de son frère. On ne se rejoignit qu'aux îles du Cap-Vert, et l'on profita du passage à Santiago pour se procurer de l'eau, de la viande et du bois. Les vergues des navires, légèrement avariées, furent réparées.

Tandis que Gama était retenu par ces soins indispensables, Barthélemy Diaz, l'heureux explorateur du cap de Bonne-Espérance, avait quitté la flottille et s'avançait vers le territoire de la Guinée, où l'appelait une mission spéciale, très avantageuse au point de vue pécuniaire, mais qui flattait moins sa juste fierté que ne l'eût fait l'expédition confiée à Gama.

On assurait même que la mission dont était chargé le hardi navigateur n'était autre chose qu'un dédommagement dissimulé, une façon habile de l'éloigner d'une expédition où son génie eût peut-être fait pâlir la gloire de Gama lui-même.

Quoiqu'il en soit, les deux grands marins voguaient désormais vers des rivages différents et, le 4 novembre, la flottille de Vasco atteignait de nouveau la côte d'Afrique, trouvait fond par 110 brasses, et bientôt entrait dans la baie de Sainte-Hélène.

On y mouilla durant huit jours, et le capitam-mór se décidait à lever l'ancre, quand ses gens lui amenèrent un homme du pays dont ils s'étaient emparés. Cet indigène était occupé à recueillir du miel lorsqu'il fut surpris par les Portugais. Le capitam-mór le reçut très bien, le fit manger, lui donna des vêtements de couleurs éclatantes et le renvoya chez lui.

Or, le lendemain, un spectacle imprévu attira l'attention de l'équipage. De tous côtés arrivaient des barques légères, surmontées de larges voiles faites de feuilles de palmier adroitement tissées, et portant de nombreux indigènes. Ces nacelles étroites, dégagées, passaient si rapidement qu'elles semblaient s'allonger sur les flots. Les nouveaux arrivants furent bientôt à portée de la flotte et l'on ne tarda pas à distinguer leurs visages basanés. Une étoffe de coton blanc, rayée de diverses couleurs, les enveloppait et retombait en écharpes flottantes ; leur tête étaient entourée d'un morceau d'étoffe écarlate ; ils étaient armés de javelots, et leurs musiciens soufflaient dans des trompettes.

Ils faisaient de grands gestes pour retenir les Portugais qui déjà tournaient la proue vers les îles. Sur l'ordre de Gama, les voiles sont bientôt repliées, la grande vergue s'abaisse, le navire s'arrête et les insulaires y montent par les cordages. Le capitaine les accueille avec bonté, veut qu'on les traite bien à son bord, leur donne, comme à leur compatriote de la veille, à boire et à manger et essaie d'obtenir d'eux quelques renseignements utiles. Pour la première fois, il faisait connaissance avec la race des Boschis, à laquelle se lie la race des Hottentots, qui diffère si essentiellement de celle des Cafres. Il ne put tirer d'eux que de bien vagues indications, mais il remarqua que ces insulaires faisaient du cuivre un cas particulier, le façonnaient et en fabriquaient leurs ornements les plus précieux. Ils se servaient avec une remarquable dextérité de leurs zagayes, sorte de javelot à la pointe effilée.

Tout allait bien et Gama croyait n'avoir qu'à se louer de cette rencontre quand survint un incident qui faillit avoir de graves conséquences.

Les premiers visiteurs avaient raconté à toute la tribu les attentions dont ils avaient été l'objet; ils avaient montré les grains de cristal et les étoffes rouges et jaunes qu'on leur avait donnés, excitant ainsi l'envie de tout le peuple. Aussi, dès le lendemain matin, d'autres sauvages venaient demander leur part des mêmes richesses. Ils se montrèrent bientôt si familiers qu'un des compagnons de Gama, Fernao Valloso, cédant au désir d'aller visiter leur pays, les suivit à travers les bois.

Le capitaine, inquiet de cette imprudence, regardait de loin leurs mouvements et observait avec attention la route qu'ils avaient prise. Tout à coup il vit reparaître, à la cime de la montagne, Valloso qui courait vers la mer. Des nègres le poursuivaient, les mains levées, prêts à le saisir.

Une chaloupe partit aussitôt pour aller recevoir l'imprudent. Gama lui-même la montait avec quelques matelots. En un moment tout un bataillon de noirs se découvre, lançant sur l'embarcation une grêle de pierres et de flèches. Une décharge de mousqueterie répondit aux assaillants et dispersa les sauvages effrayés. Mais le capitaine et quatre hommes de l'équipage étaient assez grièvement blessés. Gama porta toujours à la jambe la cicatrice de la plaie que lui avait faite une des flèches ennemies.

Quand enfin on eut regagné les vaisseaux, tous les marins entourèrent l'agile imprudent : « Hé bien, Valloso, lui dit gaiement un de ses camarades, il me semble que la montagne est plus facile à monter qu'à descendre ? » « — C'est vrai, mais ces brigands vous mettent tous en péril, et je venais vous avertir. »

Et Valloso raconta sa périlleuse aventure. Il avait à peine franchi la colline que les Africains, avec des cris de fureur, l'avaient repoussé vers la mer, épiant ensuite, à l'abri de leurs rochers, l'instant où la chaloupe viendrait le recevoir au rivage. Le projet des noirs était de fondre à l'improviste sur les Portugais, de les tuer et de se partager le butin qui avait excité leur convoitise.

Décidément on en avait assez des amabilités de ces gens-là ; les bâtiments furent ralliés, appareillés et, après avoir renouvelé la provision d'eau et de bois, on quitta cette portion de la côte. C'était un jeudi, 16 novembre.

Pero de Alemquer, l'habile pilote qui avait fait doubler à Diaz le cap des Tempêtes. n'arrivait pas à préciser la situation du navire ; il se croyait à 30 lieues du Cap, sans toutefois pouvoir l'affirmer.

Cette incertitude fit naître des murmures et jamais peut-être, comme à ce moment, l'impassible Gama, ne se rendit un compte aussi exact des dangers sans nombre qu'ils allaient affronter. Le vague, l'indéfini de leur entreprise dut alors lui étreindre le cœur en une suprême angoisse et c'est sans doute ce tourment intime que Camoëns a personnifié dans son *Génie des Tempêtes* dont il met la description dans la bouche de Gama.

« Il était nuit, et tandis que nous veillions ensemble

sur la proue, un nuage épais s'élevant au-dessus de nos têtes, vint nous cacher la vue des astres. C'était une ombre mystérieuse, une apparition formidable et sombre, dont le seule vue faisait frémir d'horreur les plus intrépides d'entre nous.

« En même temps, une rumeur affreuse, semblable aux clameurs bruyantes des vagues quand elles se brisent en heurtant contre des récifs, frappe nos oreilles, bien que le ciel et la mer ne fissent présager aucune tempête. « O Maître tout-puissant de la vie des hommes, m'écriai-je alors, ô souverain Arbitre de nos destinées, de quelle catastrophe cette terreur est-elle le prélude ! n'y aurait-il pas aujourd'hui quelque mystère de la nature que ton impénétrable sagesse a voulu réserver à ces solitudes, et dont la volonté interdit la connaissance aux profanes mortels ! Le prodige qui nous frappe d'une religieuse terreur, annonce un événement plus épouvantable que le courroux de Neptune et d'Eole. »

« Je parlais et bientôt nous vîmes se dresser dans les airs un fantôme d'une grandeur extraordinaire : à l'immensité de se taille répond la hideuse difformité de ses traits. Non, le fameux colosse de Rhodes qui fut une des sept merveilles du monde, n'égalait pas en hauteur ce spectre formidable, une force invincible semble animer ses membres hideux. Sur toute sa personne sont répandues la brutalité, la cruauté, l'horreur : son visage est sombre et lugubre, et sa tête s'affaisse lourdement sur sa vaste poitrine ; sa barbe est inculte, épaisse et longue : ses yeux étincellent comme au fond d'une fosse obscure d'où partent des flammes pâles, livides, plutôt sanglantes que brillantes : il a le teint pâle et terreux, les cheveux hérissés, les lèvres noirâtres, les dents jaunes. Il pousse un affreux mugissement qui semble sortir des plus profonds abîmes de la mer ; à cette voix nos cheveux se dressent sur nos têtes : le sang se glace dans nos veines. On sent que le péril est de ceux que la bravoure humaine ne saurait conjurer, et chacun se demande si le monstre n'a pas résolu de marquer en cet endroit notre tombeau. Il gronde, d'une voix semblable au roulement de la foudre : « Lusitaniens, peuple le plus téméraire de tous, peuple qui dédaigne les douceurs voluptueuses du repos, qui court en insensé après une vaine gloire, à travers tant de peines, de fatigues, de périls, puisque tu oses franchir les limites où devrait se renfermer la faiblesse humaine, puisque tu braves la fureur de ces eaux qui sont mon domaine, et que j'ai défendues pendant une longue suite de siècles sans qu'aucun mortel ait eu l'audace d'affronter mon courroux, puisqu'enfin tu veux élever tes regards indiscrets jusque dans le sanctuaire de la nature, pousser tes découvertes sur l'élément liquide plus loin que les dieux ne l'ont permis aux héros qui t'ont précédé, apprends de ma bouche les malheurs que le destin te réserve sur la terre et sur les ondes pour prix de ta funeste ambition. Sache-le bien : tous les vaisseaux qui suivront cette même route auront pour ennemis implacables les rochers et les récifs de cette côte ; la première armée qui traversera ces lieux redoutables deviendra la proie des tourbillons et des vagues tumultueuses que je soulèverai pour ta ruine. Alors, si mon espoir n'est pas déçu, je me vengerai hautement d'avoir vu violer le secret de ma demeure. Tremble audacieux Lusus : chaque année, tu éprouveras de nouveaux effets de mon ressentiment ; chaque année tu pleureras les désastres et les naufrages de tes enfants. Je leur infligerai des maux si terribles qu'ils leur feront souhaiter la mort.......

— Qui es-tu donc, m'écriai-je, interrompant les sinistres prédictions de ce monstre? Ta taille nous étonne, mais les menaces ne sauraient nous intimider.

« A cette question, il jette sur nous un regard farouche, il tord sa bouche en un rictus effroyable et prenant un accent qui dénonce sa colère à la vue de mon audace :

— Je suis, dit-il, ce vaste promontoire que vous appelez le Cap des Tempêtes. Ptolémée ni Pline, Strabon ni Pomponius ne m'ont jamais connu. C'est moi qui borne la terre d'Afrique du côté du pôle austral; ma chair et mes os, par un arrêt impitoyable du destin, ont été changés en roc et forment ce promontoire redoutable que vous allez bientôt rencontrer.

« Il dit et disparaît. Un gémissement lugubre se fait entendre. Les vagues y répondent par un bruit plus sinistre encore et la nuée se dissipe enfin. J'élève alors mes mains suppliantes, conjurant le ciel d'empêcher l'accomplissement des prédictions du génie des tempêtes. »

La Harpe a traduit en vers élégants cette page émouvante des Camoëns :

> Ce hardi Portugais, Gama, dont le courage
> D'un nouvel océan nous ouvrit le passage,
> De l'Afrique déjà voyait fuir les rochers ;
> Un fantôme, du sein de ces mers inconnues
> S'élevant jusqu'aux nues,
> D'un prodige sinistre effraya les nochers

Il étendait son bras sur l'élément terrible ;
Des nuages épais chargeaient son front horrible ;
Autour de lui grondaient le tonnerre et les vents ;
Il ébranle d'un cri les demeures profondes.
      Et sa voix sur les ondes.
Fit retentir au loin ces funestes accents :

« Arrête, disait-il, arrête peuple impie ;
Reconnais de ces bords le souverain génie,
Le dieu de l'océan dont tu foules les flots !
Crois-tu qu'impunément, ô race sacrilège,
      Ta fureur qui m'assiège
Ait sillonné ces mers qu'ignoraient tes vaisseaux?

Tremble, tu vas porter ton audace profonde
Aux rives de Mélinde, aux bords de Taprobane,
Qu'en vain si loin de toi placèrent les destins.
Vingt peuples t'y suivront ; mais ce nouvel empire
      Où tu vas les conduire
N'est qu'un tombeau de plus creusé pour les humains.

J'entends des cris de guerre au milieu des naufrages
Et les sons de l'airain se mêlant aux orages,
Et les foudres de l'homme au tonnerre des cieux,
Les vainqueurs, les vaincus, deviendront mes victimes
      Au fond de mes abîmes.
Leurs coupables trésors descendront avec eux. »

Il dit, et se courbant sur les eaux écumantes,
Il se plongea soudain dans ces roches bruyantes
Où le flot va se perdre et mugit renfermé.
L'air parut s'embraser et le roc se dissoudre,
      Et les traits de la foudre
Eclatèrent trois fois sur l'écueil enflammé.

On resta assez longtemps perplexe, puis une détermination énergique fit place aux hésitations et l'on gagna la pleine mer. La navigation fut heureuse; dès le dimanche matin on se dirigea sur le cap et le mercredi, à midi, l'expédition passait avec vent en poupe devant ce promontoire si redouté.

Non loin du cap de Bonne-Espérance, au sud, se trouve la grande baie de Saint-Braz, dans laquelle on entra au soir de la Sainte-Catherine, le 25 du mois de novembre.

La flottille y demeura treize jours. On y dépeça le petit bâtiment qui avait jusqu'alors suivi la flotte dont il portait les approvisionnements. Le chargement fut réparti sur les divers navires, afin de simplifier autant que possible la navigation.

Dès les premiers jours, de bons rapports s'établirent entre les voyageurs et les naturels de ce pays. C'était là une heureuse chance sur laquelle Gama n'avait pas compté et dont il fut aussi charmé que surpris, attendu que les choses ne s'étaient pas passées d'une manière si pacifique, lors du voyage de Barthélemy Diaz. Ce dernier avait été fort mal reçu; les indigènes s'étaient enfui à son approche, n'acceptant rien de ce qu'il leur offrait. Ils avaient voulu l'empêcher de renouveler sa provision d'eau douce à une aiguade peu éloignée du bord de la mer, lui avaient envoyé une grêle de pierres, et Diaz, voulant se défendre, avait tué l'un deux d'un coup d'arbalète. Cette fois, Gama et ses gens recueillaient les fruits de leur conduite modérée dans la baie de Sainte-Hélène. Non seulement les naturels ramassaient sur le rivage ce qu'on leur lançait du navire, mais quelques-uns s'enhardirent jusqu'à venir recevoir ces objets des mains du capitaine. Bientôt on fit plus ample connaissance ; les Portugais offraient des grelots, des bonnets écarlates, de la verroterie et recevaient en échange des bracelets d'ivoire.

Le samedi, près de deux cents nègres, amenant avec eux une vingtaine de têtes de bétail, bœufs, vaches et moutons, arrivèrent en jouant de la flûte et en dansant. On leur répondit en sonnant de la trompette et en dansant aussi dans la chaloupe, ce qui parut les émerveiller. Quand la fête fut finie, on s'occupa d'affaires. Pour trois bracelets de verre, les Européens achetèrent un bœuf qui fut mangé au dîner du lendemain. « Il était fort gros, et sa chair était savoureuse comme celle des bœufs du Portugal », raconte un des heureux convives.

Le lendemain, tous les noirs revinrent, cette fois avec leurs femmes et leurs enfants. Ils amenaient beaucoup de bœufs, jouaient et dansaient comme la veille. Mais les femmes restèrent au bord de la mer, les jeunes gens, armés, à la lisière du bois; seuls, les plus âgés avaient le droit de parler aux étrangers. Ils le faisaient par signes, et l'on s'entendait fort bien. Néanmoins Gama ne voyait pas sans quelque inquiétude les allures des jeunes gens armés qui se dissimulaient derrière les arbres. Il craignit une trahison, et, après avoir fait échanger un peu de verroterie contre un bœuf, il rallia ses hommes, leur fit prendre les armes, défendit néanmoins qu'on s'en servît sans nécessité, et se contenta de terrifier ces tribus belliqueuses par le bruit répété de l'artillerie. A la première détonation, tout ce peuple de nègres, grands et petits, s'enfuit dans la forêt, oubliant d'emporter leurs armes. Ils étaient déjà loin quand une nouvelle décharge se fit entendre, accélérant encore leur course vertigineuse.

Cette race des Guianaques, dont les Hottentots de nos jours ne sont qu'un rameau appauvri, couvraient alors tout ce littoral et y faisaient paître de nombreux troupeaux, que les compagnons de Gama comparèrent, pour la taille et la beauté, à ceux de l'Alem-Tejo.

Dans cette baie de Saint-Braz, les Portugais plantèrent une grande croix qu'ils avaient fabriquée avec un mât de misaine, et élevèrent une de ces bornes monumentales de démarcation, désignées invariablement sous le nom de Padrao, que les navires emportaient de Lisbonne, après qu'on y avait gravé les armes du Portugal. Mais à peine les navigateurs chrétiens avaient-ils levé l'ancre qu'ils virent une troupe de nègres s'efforçant de renverser le signe du salut et de briser le symbole de la patrie.

Hélas! l'heure de la civilisation et de la foi n'avait pas sonné pour ces nations barbares; le soleil de justice n'était pas près d'éclairer ces intelligences déchues; le règne du Christ ne devait pas encore commencer pour elles.

L'esprit attristé par ces pensées pleines de religieuse mélancolie, Gama s'éloigna de ces parages; il ne put s'avancer ce jour-là que de deux lieues, car le vent était calme et la navigation pénible.

IV

En la fête de l'Immaculée-Conception, on se remit en marche. Ce jour-là le ciel était pur ; mais, dès le surlendemain, il commençait à s'assombrir. Le 12, au matin, une affreuse tempête se déchaîna ; la mer, d'un bleu sombre, roulait des vagues énormes qui retombaient sur le pont avec un bruit semblable à des mugissements lointains. Les navires, jetés à droite et à gauche, ne parvenaient pas à se réunir. L'obscurité fut bientôt telle qu'il ne leur fut plus possible de s'apercevoir, et une grande inquiétude commença à régner à bord. Elle augmenta quand le temps s'étant enfin éclairci et les navires ayant pu se rallier, on constata que celui de Nicolas Coelho avait disparu. Qu'était-il devenu ; avait-il sombré dans la tourmente, ou le vent en fureur l'avait-il jeté dans d'autres courants ?

L'anxiété dura jusqu'au soir. Enfin un cri joyeux descendit de la hune ; à quatre ou cinq lieues de distance, on avait aperçu le vaisseau perdu qui allait à la bouline et devait fatalement arriver dans les eaux où se trouvait le reste de la flotte. Nicolas Coelho la rejoignit vers le milieu de la nuit, et l'on navigua de conserve et sans nouvel accident jusqu'au-delà du Rio-Infante, la limite extrême des découvertes accomplies par Diaz. Or le Rio-Infante gît vers les 40° 30' de latitude.

Gama y ressentit violemment l'effet des courants, qui lui inspirèrent, durant plusieurs jours, les craintes les plus vives. La flottille courut des bordées, qui tour à tour la rapprochaient de terre ou l'en éloignaient et ce fut ainsi jusqu'au mardi suivant, au coucher du soleil. Subitement alors le vent tourna à l'ouest ; force fut de mettre les vaisseaux en panne durant la nuit et d'attendre le jour pour déterminer en quels parages on se trouvait. Les vents, cependant, ne tardèrent pas à devenir plus favorables ; le 25 décembre, jour de Noël, on vit une terre nouvelle. En souvenir de la fête, Gama l'appela Port-Natal.

L'état des bâtiments était si déplorable qu'il y avait urgence de gagner un port. Celui qu'on atteignit, le 10 janvier 1498, était situé à quelque distance de cette portion de la côte que l'on venait de baptiser. Sur ce point, les navigateurs trouvèrent une autre race d'hommes ; ils entraient dans la région où dominent les Cafres, ces noirs redoutables, armés de l'arc de grande dimension, et de la zagaye, garnie d'une longue pointe de fer.

Gama envoya au chef des Cafres un homme de confiance, Martin Affonso, et un matelot de l'équipage. Ils étaient chargés de sonder le terrain et de voir s'il était possible de traiter avec les indigènes. Pour se les rendre favorables, Martin Affonso offrit au chef des vêtements rouges et des bracelets de verre. Le sauvage s'en revêtit aussitôt et alla se promener au milieu des huttes circulaires de paille tressée, qui forment les habitations du pays. Sur son passage, toute la tribu battait des mains de plaisir et d'admiration. En échange de ses beaux habits, le souverain offrit des volailles et des fruits aux Portugais, qui s'en retournèrent au port, suivis de plus de deux cents insulaires. Enchanté de cet accueil auquel il ne s'était pas attendu, Vasco nomma la région « le Pays des Bonnes-Gens » (*Terra da Boa Gente*).

Durant les cinq jours qu'ils y passèrent, on échangea surtout des étoffes de lin contre du cuivre. Ce métal y abonde; il a donné son nom au fleuve qui arrose ce pays : *Rio do Cobre* (Fleuve de Cuivre). Aussi les habitants en ont partout ; ils en font leurs principaux ornements et en portent en guise de bracelets aux bras et aux jambes. Ils se servent aussi d'étain, et les gaines de leurs armes sont en ivoire. Parmi les animaux de toutes sortes qui attirèrent leur attention, les voyageurs remarquèrent la magnifique antilope de la Cafrerie dont ils admirèrent les bois superbes.

Vers le 22 janvier 1498, en continuant sa route, *le Raphaël* vint joindre *le Berrio* dans une région fertile où coulait un grand fleuve. Vasco y acquit enfin la certitude qu'il suivait la route convenable pour se rendre aux Indes.

Sur ce point du littoral, ils firent la rencontre de deux marchands mahométans, richement vêtus, qui réalisaient de gros bénéfices, en faisant avec les Cafres le commerce des étoffes. Les deux Arabes, sans se faire prier, et de la meilleure grâce du monde, fournirent à Gama de précieux renseignements sur le climat du pays, sur les mœurs des indigènes, sur le parti que les Portugais pouvaient tirer au point de vue commercial, des rapports amicaux qu'ils cherchaient à établir entre eux et les habitants de ces côtes.

Gama appela le fleuve *Rio do Bons Signaes* (Fleuve des Bons Indices), et dressa la colonne en pierre aux armes royales.

C'est là qu'une terrible maladie commença à exercer ses ravages parmi les compagnons de Gama. Ils étaient atteints du scorbut, mal contagieux qui se manifeste par l'enflure et le saignement des gencives : c'est le plus grand fléau des mariniers. L'eau de mauvaise qualité et les aliments salés, dont ils sont contraints de se servir dans leurs voyages de long cours, leur occasionnent fréquemment cette maladie. Les anciens, qui ne perdaient presque jamais de vue le rivage, et qui pouvaient, dès lors, se procurer aisément de l'eau et des aliments frais, ne la connaissaient point. Elle a pris naissance avec les grandes navigations des modernes ; la première apparition en Europe de cette épidémie n'est pas antérieure à 1481.

Durant tout le xvie siècle, les progrès de la contagion furent tels à bord des divers navires qui se rendirent aux Indes qu'on a signalé certains bâtiments n'ayant pu ramener plus de deux cents individus sur douze cents qui étaient partis ; cette affreuse maladie était le principal agent d'une aussi effrayante mortalité ! Aujourd'hui, grâce aux progrès réalisés et aux précautions hygiéniques, on fait le tour du monde sans avoir rien à craindre de ce mal.

Le capitaine, cruellement affecté du fléau qui décimait ses hommes, multipliait les précautions et les soins, tentait l'impossible pour sauver les malades. Hélas ! il ne put les arracher tous à la mort. Plusieurs, après quelques jours de grandes souffrances, succombèrent loin de la patrie et allèrent dormir leur éternel sommeil sur cette plage lointaine qu'ils avaient saluée avec tant d'espérance.

Le 24 février, après tout un mois de séjour dans ce port, les navigateurs le quittèrent, moins inquiets de la route à suivre, mais l'esprit attristé et le cœur en deuil. Ils s'éloignaient avec regret de ces tombes fraîchement ouvertes, auxquelles il avaient confié les restes des héros inconnus, qui avaient été leurs compagnons et leurs amis, et dont l'histoire ne devait pas garder les noms. Un grand nombre d'entre eux étaient encore malades, et l'on conçoit aisément quelles devaient être les appréhensions de leur capitaine.

La flottille avait changé de direction et cinglait vers le nord. Gama remontait la côte en se portant vers l'équateur, et, le 10 mars, les navires mouillaient devant l'île de Mozambique par les 14° 49' de latitude australe et les 40° 45' de longitude orientale.

C'était un samedi: on se prépara à passer dans la prière et le repos la journée du dimanche. La plupart des gens de l'équipage se confessèrent afin de pouvoir communier à la messe du lendemain. Elle fut célébrée dans l'île à l'entrée de la forêt, sous un de ces arbres gigantesques appelés *malumpavas,* au milieu d'une végétation si pittoresque et si riche qu'elle rappelle celle de l'île de Ceylan.

Ils étaient ainsi trempés, ces grands hommes d'autrefois, qu'ils ne croyaient pas devoir se passer de Dieu et de la prière. Ces âmes si fières dans le danger, ces cœurs si héroïques devant la mort, devenaient humbles et doux aux pieds des autels. C'est là qu'ils renouvelaient leur provision de courage et de patience, et certes ils en avaient besoin.

Se figure-t-on tout ce qu'avait d'inquiétant la situation de ces voyageurs errant sans guide, durant de longs mois, sur des mers inconnues, souffrant de toutes les privations, exposés à la fureur des flots, dévorés par des climats insalubres et cherchant à travers les orages une terre lointaine qui semblait fuir devant eux. Qeuls autres que des marins chrétiens se fussent montrés si résignés dans les fatigues et les maladies, si fidèles à leur roi, si soucieux de la gloire de la patrie, si dociles à la voix de leur chef?

A Mozambique, l'expédition fut merveilleusement accueillie, des présents furent échangés. Gama avait ordonné que, pour fêter l'arrivée du gouverneur des îles, les pavillons fussent déployés; des banderoles aux couleurs portugaises flottaient au sommet des mâts; l'équipage, en habits de gala, attendait sur le pont la visite des Arabes. Ceux-ci se montraient serviables et empressés; ils s'avançaient rapidement dans leurs légères embarcations, apportant aux Européens de l'eau douce et des aliments frais.

Gama reçut avec déférence les musulmans et leur chef; il offrit à ce dernier des étoffes précieuses, des conserves de fruits, d'excellentes liqueurs et les réunit tous à sa table. Animés par le repas, flattés dans leur orgueil, les musulmans se confondaient en compliments et témoignaient une grande admiration pour les voyageurs. Le teint, les manières, les vêtements, la force des guerriers européens excitaient leur curiosité. La beauté et la grandeur des vaisseaux leur inspiraient tout à la fois de la jalousie et de la défiance. Leur inquiète curiosité veut tout voir, tout connaître; ils examinaient anxieusement les armes des Portugais. De plus, les sectateurs de Mahomet commençaient à soupçonner que leurs hôtes étaient des chrétiens, et leur chef demanda brusquement à Gama :

— D'où viens-tu? Es-tu, comme nous, disciple du Prophète? Où sont vos livres sacrés?

A ces questions, qui décelaient la préoccupation des Mahométans, Gama répondit fièrement :

— Tu connaîtras ma patrie, mon culte et mes armes. Je ne suis ni du pays, ni de la race des Turcs. Je suis un fils de l'Europe, à la recherche des terres orientales. Le Dieu que j'adore est celui qui gouverne le ciel et la terre ; le monde et ses merveilles sont l'œuvre de sa puissance. Il a souffert l'injure et la mort, et n'est descendu du ciel que pour y faire monter les hommes avec lui. Les livres sacrés que tu demandes, le code immortel de l'Homme-Dieu, je ne le porte point avec moi, mais il est écrit dans mon cœur. Quant à nos armes, comme ami tu les verras ; j'aime à penser que tu ne voudras jamais les voir comme ennemi. »

Et pour appuyer sa parole, il fait passer sous les yeux du gouverneur de Mozambique les lourds brassards, les boucliers, les balles, les arquebuses, les arcs, les carquois chargés de flèches, les pertuisanes aiguës, les bombes et les lances.

Gama cherchait ainsi à intimider les Maures, car à la curiosité inquiète et aux questions de leur gouverneur, il avait senti le danger de sa position ; il jugea prudent de leur donner une idée de sa force et de prévenir, si possible, les mauvais desseins qu'ils pourraient méditer contre lui. Il venait de faire, en présence des disciples du Coran, une admirable profession de christianisme, et il termina son discours en découvrant l'imposant appareil de ses moyens d'attaque et de défense. Ce ton religieux et guerrier est bien dans les mœurs du siècle de Gama, et sa conduite était conforme à son caractère noble et résolu.

Les musulmans écoutaient et regardaient sans rien dire ; leur vieille haine du nom chrétien se réveillait ; mais ces hommes, consommés dans l'art de la dissimulation, secouèrent bien vite le nuage qui avait assombri leurs traits. Le sourire aux lèvres, ils renouvellent leurs protestations d'amitié, leurs offres de services.

— De tous les biens que tu m'offres, répondit Gama à leur chef, le plus précieux pour moi serait un pilote expérimenté qui dirigeât mes vaisseaux vers l'Inde. Je le récompenserai royalement des services qu'il me rendra. Ne pourrais-tu me procurer personne ?

— Je t'enverrai le pilote que tu désires, répondit le Maure.

Gama, dans sa loyale confiance, se livrait ainsi à la lâche perfidie des musulmans. Il remercia avec effusion et, l'heure des adieux étant arrivée, on se sépara enchantés, semblait-il, les uns des autres. La satisfaction de Gama était sincère, celle des Maures, une façon de couvrir la trahison qu'ils méditaient. Dans son récit, Alvero Velho le dit positivement : « Ils tentèrent de s'emparer de nos personnes et de nous tuer par surprise ; mais le pilote donné par eux découvrit tout ce qu'ils avaient eu la volonté de faire contre nous et ce qui aurait eu lieu, s'ils l'eussent pu mettre à exécution.

Les bâtiments avaient remis à la voile. Les voyageurs partirent, emportant ces fâcheuses impressions ; ils avaient déjà laissé Mozambique à quatre lieues en arrière, lorsqu'ils furent contraints de mouiller de nouveau devant l'ile et de s'y arrêter.

Mais Gama était devenu moins confiant. Les révélations du pilote, certains jeux de physionomie des Turcs qu'il avait, l'avant-veille, réunis à sa table, leurs regards énigmatiques, lui revenaient à la mémoire, augmentaient l'insurmontable inquiétude qui s'était emparée de lui. Un de ces pressentiments qui ne trompent jamais avait réveillé sa prudence. Obligé d'aller sur le continent renouveler sa provision d'eau douce, il ordonne à ses hommes de faire leurs préparatifs pour l'accompagner au rivage, mais il commande en même temps d'armer les chaloupes.

Gama savait maintenant ce que vaut la parole d'un

musulman et, l'œil ouvert sur le danger prévu, il dirigeait avec une extrême prudence les trois chaloupes qui formaient son escorte.

A peine les Portugais touchaient-ils le rivage que les habitants, couverts de boucliers et armés de leurs javelots aux flèches empoisonnées, les enveloppent de tous côtés. Un peu plus loin, dans un silence absolu, des groupes nombreux d'infidèles attendent, pour en venir aux mains, que les Portugais, attirés loin de leurs vaisseaux, se trouvent au milieu d'eux à peu près sans défense. Ils se promettaient ainsi une facile victoire, mais ils avaient compté sans le coup d'œil expérimenté de Gama. D'un geste, le capitaine a réuni ses soldats; il ordonne, et l'artillerie des chaloupes fait entendre sa terrible voix. Un feu incessant et nourri fait connaître aux musulmans les armes portugaises. Les assaillants, épouvantés, se troublent et reculent; leur bouillante ardeur se change en une lâche désertion; ils se sauvent, abandonnant sur la plage leurs blessés et leurs morts.

Les Portugais, entraînés par la fièvre de la victoire, les poursuivent; la ville, sans murs et sans défense, est pillée et détruite.

Pendant ce temps les barques surchargées de fuyards

coulent sous les coups redoublés de l'artillerie, qui n'a pas cessé de se faire entendre.

Enfin le jour s'achève, le silence succède aux clameurs des combattants, aux cris de détresse des vaincus, aux chants de triomphe des vainqueurs. Chargés d'un riche butin, les Portugais regagnent leurs vaisseaux.

Ils allaient lever l'ancre, quand un messager vint, de la part du gouverneur de l'île, les convier à la paix. Les musulmans demandaient un traité d'alliance et, comme gage de la foi jurée, offraient un pilote plus expérimenté, disait-on, et plus sûr que le premier.

C'était une trahison nouvelle. Ce pilote était un Maure plein de ruse et d'astuce, habile dans l'art de tromper ; capable d'ailleurs de conduire une entreprise difficile. Le gouverneur l'avait fait appeler et l'avait mis brièvement au courant de sa mission : « Va, lui avait-il dit, va trouver les Portugais, conduis-les de périls en périls et d'écueils en écueils, jusqu'à ce que la mer les ait tous engloutis. Reviens ensuite, je te ferai riche et puissant. »

Cette fois Gama n'eut ni pressentiment, ni soupçon. Il accorda sans hésitation toutes les faveurs demandées, pensant ne pouvoir acheter trop cher les services d'un aussi bon guide. Impatient du reste de poursuivre sa route et de profiter des vents favorables, il accueillit le pilote avec une bienveillance excessive et répondit par de pacifiques engagements au message du gouverneur.

Peu après le signal du départ était donné et la flottille, déployant ses voiles, reprenait sa course sur l'Océan, conduite par le pilote qui avait juré de la perdre.

Il était d'une remarquable souplesse de caractère et, dès les premiers jours, sut se faire bien venir de tous les matelots. Conteur agréable, il prenait un infernal plaisir à leur faire la description des contrées merveilleuses qu'il leur promettait, mais sur lesquelles, pensait-il tout bas, il saurait bien les empêcher de poser le pied.

Il avait réponse à tout et, avec une incontestable habileté savait entretenir et flatter les espérances des marins. Gama, charmé, lui témoignait une entière confiance et passait de longues heures à l'interroger et à l'écouter.

« Au milieu de ces mers que nous parcourons, lui dit un jour le pilote, non loin de nous, il y a une île, où, de tout temps, le Christ a eu des adorateurs et des temples. »

L'ardent chrétien tressaillit de joie à cette révélation : « Mon ami, dit-il, conduis-nous vers cette île; je te promets une riche récompense.

« A vos ordres », répondit le pilote, et la flottille se dirigea vers Quiloa, cette ville de l'Afrique australe dont les habitants, tous disciples de Mahomet, passaient avec raison pour une nation parjure et cruelle. Ce n'était plus la faible Mozambique, et l'imposteur comptait bien que, cette fois, les Portugais n'échapperaient plus aux fureurs de ses coréligionnaires.

Heureusement, et comme pour déjouer les projets du pilote infidèle, le bon Dieu permit que des vents contraires s'élevassent tout à coup. Il fallut céder à leur violence et renoncer à visiter Quiloa. Mais ce à quoi le Maure ne renonçait pas, c'était au désir de perdre les vaisseaux. Sur son conseil, on fit voile vers une autre île qui, selon lui, était également peuplée et par des familles chrétiennes et par des musulmans. C'était un nouveau mensonge, une nouvelle trahison : aucun chrétien n'habitait ce pays; Mahomet y régnait seul.

Une fois de plus, Gama se laisse éblouir. Le 4 avril, on atteignit la partie de la côte où s'élevait la cité de Monbaze. C'était une escale commode, ardemment désirée, et l'on ne tarda pas à voir les édifices de la cité ; le 7, on mouillait dans le port.

Dès que la flotte fut en vue, de légers bateaux s'avancèrent, apportant aux navigateurs un message pacifique du vieux roi musulman. Leur chef, au nom de son roi, adressa au commandant les paroles les plus flatteuses ; il le traita de vaillant capitaine, d'illustre navigateur, et exprima la joie que toute la cité de Monbaze éprouvait à offrir aux voyageurs la plus large hospitalité. « Si tu viens chercher, dit-il à Gama, les riches produits de l'Orient, ses parfums, ses pierres précieuses et ses diamants, tu trouveras à Monbaze même tout ce que tu désires ; si tu viens y chercher des frères, apprends que des familles chrétiennes vivent paisiblement sous les lois du monarque qui nous gouverne ; sa tolérance a peuplé Monbaze de disciples du Christ. »

On ne pouvait parler avec une habileté plus raffinée ; le roi faisait promettre aux étrangers toutes les richesses, tous les produits précieux de l'Orient, puis il les confirmait dans l'idée qu'ils trouveraient dans la ville des communautés chrétiennes, ce qui prouve que les musulmans de ces contrées avaient deviné les grands objets qu'avaient en vue les Portugais en abordant ces parages : le développement du commerce et la propagation du christianisme.

V

Gama, satisfait du bon accueil qui lui était promis, se montra tout disposé à répondre à l'invitation du roi et à aller à Monbaze avec tout son équipage. Néanmoins il n'avait pas oublié Mozambique, et sa confiance n'était pas si complète que sa prudence ne restât en éveil.

Il avait amené sur ses vaisseaux des condamnés dont on avait commué la peine et qui cherchaient à racheter un passé coupable par leur courage et leur dévouement à la patrie. Le commandant choisit deux de ces hommes et leur dit : « Allez en éclaireurs ; observez ce peuple qui nous offre l'hospitalité ; étudiez son caractère, ses mœurs. Renseignez-vous sur les forces de la cité, voyez son port, ses arsenaux, ses remparts ; mais surtout visitez les chrétiens et annoncez-leur l'arrivée de leurs frères. »

Il les chargea de présents pour le roi. C'étaient les premiers gages d'une alliance qu'il croyait commencée et dont il voulait resserrer les liens.

Les deux Portugais, pénétrés de leur mission,

quittèrent la flotte et furent accueillis sur la rive par les témoignages trompeurs d'une bienveillance générale. Tout à fait rassurés, ils vont chez le roi, lui offrent leurs présents, se promènent dans la cité, agissant en vrais bons enfants, tandis que les infidèles les épient, les observent, les égarent. Perfides et soupçonneux, toujours prêts à trahir, ils s'imaginaient que les deux Portugais étaient des traîtres aussi.

Enfin les deux envoyés de Gama demandent à visiter les églises. On les conduisit aussitôt dans un temple que, dans leur naïve bonne foi, ils prirent sans hésiter pour une église. Or pas un catholique ne vivait à Monbaze. Il y avait seulement quelques chrétiens abyssins que l'intérêt du commerce y faisait tolérer. Ces chrétiens d'Éthiopie, dont la religion n'était qu'un mélange grossier du rite grec et du judaïsme, avaient un espèce de temple orné d'images chrétiennes. Les Maures en profitèrent pour tromper les Portugais et les attirer dans le piège.

Ces derniers, sans défiance, acceptèrent tout, se laissèrent fêter, choyer, et, le lendemain, tout fiers et triomphants, retournèrent auprès de Gama et lui firent un récit enthousiaste de l'excellent accueil qu'ils avaient reçu : « Oui, disaient-ils, nous avons vu un prêtre, des autels, une église ; nous y avons prié au milieu d'un peuple nombreux. A la ville, au palais royal, partout on nous a témoigné la même bienveillance, la même cordialité. Si la bonne foi ne règne pas à Monbaze, elle n'est nulle part. »

Toute la prudence de Gama s'évanouit devant ces affirmations ; il reçut avec joie les infidèles qui montaient à son bord et se disposa à entrer dans la ville.

Absorbé par la joie qu'il éprouvait, il n'avait pas remarqué qu'une agitation singulière régnait dans la cité. On y rassemblait à la hâte des armes et des machines de guerre. Égrenée sur le rivage, la milice de Monbaze couvrait par des démonstrations amies ces préparatifs inquiétants. Une fois entrés dans le port, les Portugais devaient succomber tous et payer de leur vie les désastres de Mozambique.

Gama fit lever les ancres, et les navires pavoisés s'avancèrent vers la ville.

Soudain les vaisseaux rétrogradent et les matelots changent à grand bruit la direction des voiles ; un vent aussi violent qu'imprévu s'est levé, et le gouvernail, dans ses brusques écarts, porte les navires vers un écueil où il va se briser.

Un cri de détresse part de la poupe ; c'est la voix

du chef des matelots qui les avertit du danger. Ils courent en désordre de l'un à l'autre bord, multiplient les manœuvres, poussent de violentes clameurs.

Gama seul, calme et impassible au milieu du tumulte, semble dominer de toute la hauteur de son caractère et de son génie l'agitation qui l'entoure.

Les musulmans, qui n'ont pas deviné la cause de ces mouvements et de ces cris, croient aux préparatifs d'une attaque à laquelle ils n'avaient pas songé. Ils pensent que leur conspiration est découverte et, sans prendre le temps d'éclaircir la situation, se mettent en devoir d'échapper aux représailles qu'ils redoutent. Les uns se précipitent dans leurs canots et prennent le large ; les autres s'enfuient à travers les rues de la ville. L'épouvante donne à leur retraite l'aspect d'une horrible mêlée. Les Portugais regardent d'un air étonné, ne comprenant rien à leur tour à tout ce ce désordre. Mais bientôt la lumière se fait dans leur esprit ; ils remarquent au milieu des fuyards le pilote de Mozambique...

Pendant ce temps Gama commande lui-même la manœuvre et, avec une sûreté de coup d'œil qui n'appartient qu'à lui, réussit à garantir le navire de l'écueil qui venait de causer tant d'alarmes.

Lorsque le péril fut passé, il ordonna de jeter l'ancre, calma ses matelots, rallia sa flotte, et tandis que les nefs réunies prenaient un repos nécessaire, il examina la conduite si étrange, si imprévue des insulaires. La fuite précipitée du pilote lui donna la clef de l'énigme; il comprit le complot des barbares, le danger auquel il venait d'échapper, et, dans un élan de reconnaissance digne de sa foi, il fit cette belle prière :

« O mon Dieu, c'est votre céleste Providence qui nous a arrêtés au bord du précipice, à l'entrée de ces ports infidèles que l'amitié semblait nous ouvrir. C'est votre lumière qui nous a révélé les complots formés contre nous. Prenez en pitié les maux que nous souffrons pour votre gloire, ô Seigneur, achevez votre ouvrage; conduisez-nous dans un port de salut et montrez-nous cette terre que nous cherchons pour y faire adorer votre nom. »

Nous avons dit que depuis qu'ils avaient quitté le fleuve des *Bons Indices*, les équipages étaient atteints du scorbut; les malades étaient toujours nombreux, la contagion faisait presque chaque jour de nouvelles victimes, et la tristesse de Vasco augmentait à la vue des souffrances de ses hommes; de plus, il redoutait les dangers que cette épidémie faisait courir à l'expédition. Ses anxiétés cessèrent devant Monbaze. Le climat, probablement meilleur, eut, sur l'état sanitaire des équipages, une heureuse influence; dès qu'on fut dans ce port, la maladie fut en décroissance et ne laissa bientôt plus d'inquiétudes pour le reste de la navigation.

Depuis deux jours la flottille avait quitté les parages de Monbaze, lorsqu'on aperçut deux vaisseaux étrangers. Gama se porta sur eux, ne doutant point qu'ils ne fussent montés par des Maures. Il rejoignit l'un des navires, croyant trouver parmi les hommes qui les dirigeaient un pilote qui connut les ports de l'Inde et put y conduire la flotte portugaise. Son attente fut déçue; aucun de ces marins ne put lui dire à quelle partie du ciel répondait la terre de l'Inde. Tout ce qu'ils savaient, c'est qu'on n'était pas loin de Mélinde et ils assuraient que là il serait aisé de trouver d'habiles pilotes. Ils vantaient d'ailleurs le caractère et la bonté du roi Mélindien, ce qui acheva de décider Vasco à visiter ce port. Il y arriva le jour de Pâques, 15 avril 1498.

A bord, on célébrait avec toute la solennité possible la grande fête du christianisme; la flotte était décorée de tentures élégantes en signe de respect pour cette auguste journée ; le pavillon déployé mêlait ses plis à ceux des bannières ; les chants, tour à tour religieux ou guerriers, s'unissaient au bruit des flots. La marche des Portugais était une fête et leur entrée un triomphe.

Ils saluèrent avec joie la ville de Mélinde et admirèrent sa situation tout à la fois étrange et magnifique. Bâtie sur un rocher qui s'avance comme un promontoire, la cité se dégageait d'une immense plantation de palmiers ; une vaste plaine ornée des plus beaux jardins achevait de décorer le paysage. On affirme qu'elle a compté jusqu'à 200.000 habitants et que son commerce était autrefois très florissant.

Le commandant envoya immédiatement au souverain du pays un interprète pour lui annoncer l'arrivée de la flotte.

« Tout mon royaume est ouvert à l'illustre marin et à ses compagnons, répondit le roi. Ce sont des héros ; qu'ils viennent, je serai fier de les recevoir. »

Cette fois, ces paroles étaient sans artifice. Le roi de Mélinde admirait sincèrement les hardis navigateurs qui venaient lui demander l'hospitalité et la grandeur de leur entreprise. Il leur envoya, avec une bonne grâce charmante, des moutons, de la volaille, des fruits de la saison. En échange, Gama lui adressa des produits de l'industrie européenne, auxquels il joignit une certaine quantité de corail.

L'interprète chargé d'offrir ces cadeaux pria le roi d'excuser Vasco de Gama de n'être pas venu en personne lui présenter ses hommages. « Il t'honore, dit-il, il te respecte ; mais un ordre exprès de son souverain l'enchaîne à ses vaisseaux qu'il ne lui est pas permis de quitter tant qu'il n'aura pas atteint Calicut, le terme de son voyage. Tu l'approuveras sans doute, car tu ne voudrais pas, toi-même, que personne ici méconnût les ordres de son roi. »

Ces paroles firent concevoir aux Mélindiens une très haute idée d'un monarque qui se faisait obéir de si loin ; le prince lui-même applaudit à cette fidélité et annonça qu'il viendrait le lendemain visiter les vaisseaux amis. Ceux-ci, dès le soir, organisent des fêtes ; une illumination féerique enveloppe les navires ; des feux d'artifices s'élèvent au milieu des cris de joie des spectateurs et des accents guerriers de la trompette et du clairon. Du rivage on répond à la flotte ; des flèches enflammées s'élèvent dans les airs ; les acclamations du peuple montent de toutes parts. La plage et la mer paraissent embrasées, et cette double fête offre l'aspect d'une bataille.

Le lendemain matin, nouveau décor et nouvelle fête. Le roi de Mélinde, à la vue d'une foule immense qui l'avait suivi, montait sur une longue nacelle ornée de magnifiques tentures. Il était entouré des grands de son royaume et s'avançait dans le pompeux appareil des monarques orientaux. « La mousseline légère, l'or et la soie décoraient son turban. Un manteau de damas flottait sur ses épaules ; le pourpre de Tyr, si chère aux nations africaines, en relevait encore l'éclat. A son cou pendait un collier d'or où l'art surpassait la matière. A sa ceinture étincelait un cimeterre enrichi de pierreries. L'or et les perles recouvraient le velours de sa chaussure.

« Un pavillon de soie supporté par une lance dorée ombrageait la tête du monarque ; la lance reposait dans la main d'un des principaux seigneurs de la cour. A la proue retentissaient les trompettes mauresques ; l'oreille était confusément frappée de leurs accents brusques et durs, mais animés par la joie. Gama, de son côté, quitte la flotte, entouré d'un brillant cortège, et, sur ses chaloupes pavoisées, s'avance à la rencontre du roi de Mélinde. Il porte l'habit espagnol, mais le lin de sa tunique est français, Venise a tissé le satin précieux qui compose son vêtement, et le kermès l'a coloré.

« Les manches sont retroussées avec des boutons d'un or pur qui réfléchit l'éclat du soleil. L'or, dont la fortune est si avare, l'or serpente en larges broderies sur ses hauts-de-chausses. Des agrafes d'or rapprochent avec élégance les pans de sa soubreveste ; des nœuds de rubans flottent à son épée ; un superbe panache se balance mollement sur sa toque européenne.

« La forme variée de l'habillement de ses guerriers s'embellissait de mille couleurs. La pourpre de Tyr, mariée à des teintes plus douces, offrait à l'œil charmé toutes les nuances de l'arc-en-ciel.

« Les sons de la trompette portaient dans tous les cœurs le mouvement et la joie. Les barques des Maures couvraient la mer de leurs pavillons déployés, en affleuraient la surface. Le bronze enflammé mugissait ; des tourbillons de fumée remplissaient les airs et dérobaient la vue du soleil ; les rapides détonations se précipitaient coup sur coup, et les Maures assourdis pressaient de leurs mains leurs oreilles épouvantées[1]. »

---

[1] Camoëns (2ᵉ chant des Lusiades).

L'entrevue du navigateur et du roi fût donc des plus cordiales.

Le capitaine fit venir tous les Turcs qu'il avait fait captifs et les remit au roi qui les reçut comme des compatriotes et remercia vivement Gama de cet acte d'humanité. Quand le soir fut venu, il rentra dans la ville; mais il laissa sur le navire un de ses fils accompagné d'un chérif de confiance. Quelques-uns des compagnons de Gama l'accompagnèrent afin de visiter le palais royal. Ils y furent fort bien traités et, le lendemain, le gouverneur fit faire, le long de la côte, en l'honneur des étrangers, une sorte de revue militaire. Les Portugais purent admirer à loisir la souplesse et la rapidité des cavaliers arabes.

Parmi les nombreux vaisseaux qui sillonnaient le port de Mélinde se trouvaient quatre navires montés par des chrétiens des Indes. Vasco s'en réjouit et les invita à visiter la flottille. La première fois qu'ils montèrent sur le bâtiment de Paulo de Gama, on leur fit voir une statue de Notre-Dame-des-Douleurs. La sainte Vierge, au pied de la croix, tenait le corps du Sauveur; les saintes femmes avec saint Jean l'entouraient. Aussitôt les Indiens se mirent à genoux, avec de grandes marques de respect, et tant que dura le séjour des Portugais, ils vinrent chaque matin prier dans le petit oratoire.

Après neuf jours passés dans des fêtes successives, il fallut lever l'ancre. Les Portugais quittèrent Mélinde, pleins de reconnaissance pour l'accueil qu'ils y avaient reçu. On peut dire qu'à partir du jour où ils y étaient arrivés la mémorable expédition rêvée si longtemps par Jean II fut accomplie.

Le cheik de Mélinde fut en réalité le seul chef de la côte qui accueillit Gama sans arrière-pensée. Les vieux historiens aiment à répéter qu'il était musulman, mais qu'il avait un cœur de chrétien. En effet, dès que les navires eurent mouillé dans son port, toutes les difficultés de ce voyage prodigieux s'aplanirent comme par enchantement. Il laissa voir dans sa conduite une sagesse de vues, une droiture d'intention qui lui font le plus grand honneur.

Tout ce que peut offrir un allié plein de dévouement Gama le trouva dans le roi de Mélinde ; toutes les notions nautiques qui pouvaient être acquises au xve siècle, il les obtint du pilote guzarate que lui donna ce roi. Malemo-Cana, qui entra au service des Portugais le 28 avril, les conduisit si loyalement et les dirigea avec une telle habileté que, le

17 mai, Gama put apercevoir, à une distance de 8 lieues, cette terre des Indes si ardemment souhaitée par lui depuis qu'il avait quitté la petite chapelle du Rastello.

Durant tout ce temps on avait marché le vent en poupe et fait près de 600 lieues. On avait hâte d'arriver ; mais des orages successifs rejetèrent les navires au large, les empêchant d'approcher suffisamment pour atterrir.

Une certaine nuit, le vent s'était levé brusquement et le nocher, jetant un cri d'alarme, avait réveillé les matelots endormis. On s'empresse, on se hâte ; à peine avait-on replié les voiles qu'un orage violent éclate, couvrant les cris du chef des matelots : « Abaissez la grande voile ! vite, vite ! »

Mais les vents déchaînés n'attendent pas que la voile soit tombée. Secouée avec une extrême fureur, elle se déchire avec un bruit si terrible que l'équipage pousse un cri d'horreur, croyant que le vaisseau va se disloquer.

Le désordre se mêle à l'épouvante ; le déchirement de la voile a porté le vaisseau sur le flanc ; les vagues s'y précipitent. « A la pompe, l'eau nous gagne ! Allégez le vaisseau ! Jetez à la mer les fardeaux inutiles ! »

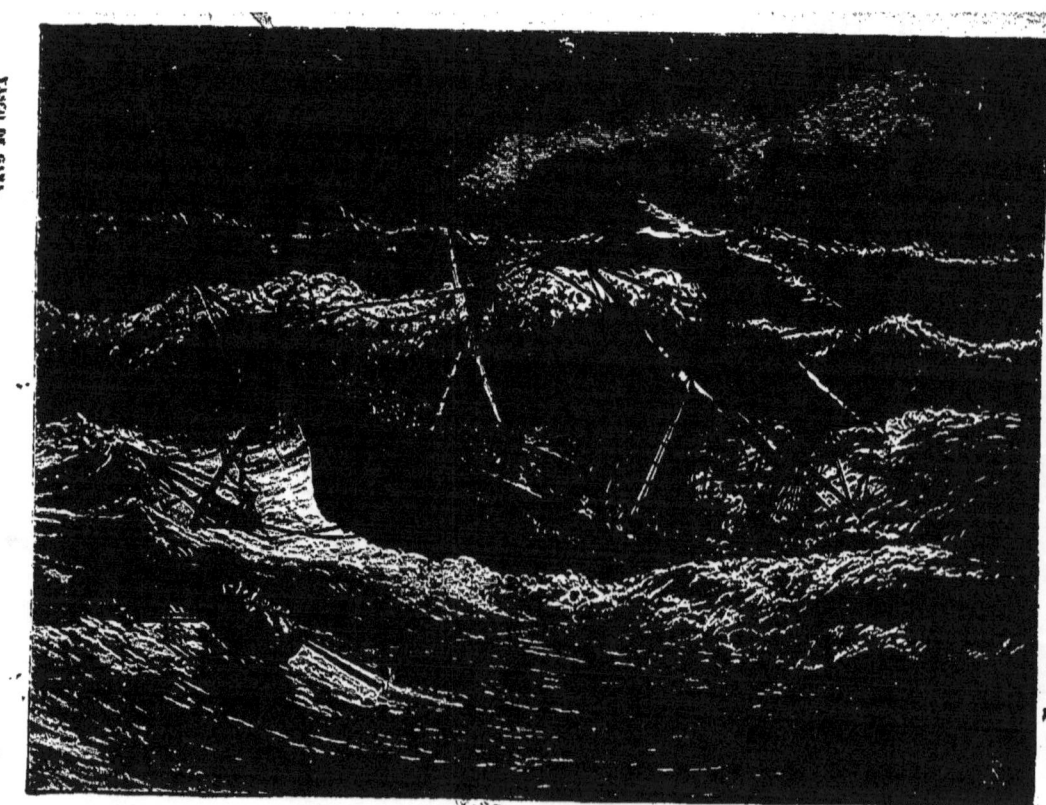

Le déchirement de la voile a porté le vaisseau sur le flanc.

Ces cris se croisent, se confondent, se perdent dans le vacarme de la tempête.

Des matelets robustes courent à la poupe; mais le roulis les renverse; ils cherchent vainement à maîtriser le gouvernail, que des liens puissants et plusieurs câbles ne réussissent plus à faire obéir.

Toute l'expédition se trouve dans un affreux danger; le vaisseau de Vasco tourbillonne comme une coquille de noix, aux yeux terrifiés du reste de la flotte; celui de Paulo de Gama est presque entièrement submergé; il a perdu son mât; l'équipage prie et pleure. Des cris inutiles arrivent de celui de Coelho, dont le maître a pris la sage précaution de faire carguer les voiles avant la tempête.

Cette nuit ténébreuse, épouvantable, n'était éclairée que par les éclairs, dont les sillons, par intervalles, embrasaient le ciel et la mer.

On crut un instant que tout était irrémédiablement perdu.

Gama allait périr au moment de voir se réaliser le plus cher de ses désirs.

Il avait perdu tout espoir, ou plutôt il n'espère plus qu'en la Providence de Celui qui jadis a ouvert la mer Rouge aux Hébreux, délivré des Syrtes l'apôtre saint Paul, sauvé du naufrage universel la famille de ce Juste qui devait être le second père du genre humain. Tandis que tout le monde s'agite autour de lui, Gama se met à prier.

« O mon Dieu, dit-il, n'est-ce pas le souci de votre gloire qui nous a inspiré d'entreprendre ce long et pénible voyage ; n'aurez-vous pas pitié de nous, voulez-vous nous abandonner au terme de nos travaux ? »

En le voyant retrouver ainsi le calme, la tranquillité de son âme, l'équipage reprit quelque énergie et joignit avec ferveur sa prière à la prière de son capitaine.

Enfin l'aube se leva, et l'orage tomba avec la nuit. Dès que les brouillards du matin furent dissipés, les matelots aperçurent de la cime du grand mât cette terre qu'avant la tempête ils avaient déjà entrevue.

« C'est Calicut, dit gravement le pilote mélindien ; c'est le terme de votre voyage ; vos travaux sont finis. »

On conçoit l'émotion des navigateurs en entendant ces paroles. Gama, hors de lui-même, se mit à genoux, et ce fut par un hymne de reconnaissance envers Dieu qu'il salua la terre des Indes. Arriver enfin, après l'horrible nuit qu'on venait de passer, c'était être deux fois heureux.

VI

Vasco de Gama avait rempli la mission qui lui avait été confiée; le but était atteint. Un petit peuple, à peine aperçu au milieu des grandes nations chrétiennes, avait réalisé, à lui seul, une gigantesque entreprise. Le monde se partageait alors entre deux vastes dominations : l'empire d'Occident et l'empire d'Orient, l'un chrétien, mais divisé; l'autre mahométan, mais uni et toujours armé contre le premier. Le passage du cap de Bonne-Espérance fut un coup terrible porté à la puissance musulmane et, chose aussi providentielle que merveilleuse, c'est la plus faible nation de l'Occident que le Ciel choisit pour ébranler en Orient la religion et l'empire de Mahomet.

La capitale de cette partie du Malabar où abordait Gama, Calicut (en sanscrit Kalikhodon, la terre des plantes chaudes), étendait alors son pouvoir sur toute la contrée qui s'étend à l'ouest des Gates jusqu'au cap Comorin. C'était l'un des cinq grands ports internationaux du monde et le point principal du trafic indo-égyptien. Les princes de la côte du Malabar étaient soumis par un léger vasselage à la puissante Calicut, dont le souverain portait le titre de roi de la mer. Les plus puissants de ces états vassaux était Cananor, situé au nord de Calicut, à la frontière de Malabar et de Canara, et Cochin, qui s'élevait sur une presqu'île. Le rajah de cette dernière ville se considérait comme le chef spirituel des habitants de Malabar, parce que, sur son territoire, se trouvait Quiloa, la ville des Brahmanes.

Dans ces deux cités, les princes ne supportaient qu'avec peine le joug de la vassalité et jalousaient leur rivale, l'orgueilleuse Calicut, qui devait sa prépondérance à ce qu'elle servait d'entrepôt à toutes les marchandises du marché indien, bien que le pays, en lui-même, fût peu productif.

C'est grâce à ses bazars qu'entraient dans le commerce les pierres précieuses de Ceylan, les perles du golfe de Manaar, les épices et les drogues venues d'Orient à destination de Malacca. C'est à Calicut que l'on chargeait les clous de girofle, produits des îles Moluques, les noix muscades qui ne croissaient que dans l'archipel de Banda, la cannelle, si appréciée, de Ceylan, le poivre qui croît dans les environs de Cochin, le camphre qu'on importait de Bornéo.

Aden.

Tous les articles du négoce indien, le gingembre, le tamaris, la casse, le musc, la rhubarbe, l'aloès, l'ambre, les étoffes de coton, les porcelaines, arrivaient sur le marché de Calicut. Le commerce maritime de ces contrées était presque exclusivement entre les mains des Arabes, qui s'y étaient établis depuis des siècles et qui jouissaient dans le pays d'une grande considération. Ils faisaient construire, dans le port de cette ville, des bâtiments jaugeant de 1.000 à 1.200 bahars[1]. Ces navires, construits sans aucun ferrement et dont toutes les planches de la coque étaient assemblées au moyen de cordes de sparte, étaient aménagés de façon à recevoir toute espèce de colis. A chaque mousson, quinze de ces embarcations quittaient le port pour gagner la mer Rouge, Aden et la Mecque, où les marchandises dont ils étaient chargés se vendaient avantageusement aux négociants de Djedda. Ceux-ci les transportaient sur de petits bateaux, à Tor. De Tor elles allaient au Caire, du Caire à Alexandrie et de là à Venise, d'où elles parvenaient enfin dans le reste de l'Europe. Quelques-unes des embarcations venues à Djedda chargeaient dans

---

[1] Mesure de poids de la côte de Coromandel équivalant 480 livres.

cette ville les marchandises les plus variées : le cuivre, le mercure, le vermillon, le corail, l'or, l'argent, le safran, l'eau de roses, les velours teints, les couteaux, les camelotes de couleur et une infinité d'autres objets qui étaient vendus au retour, à Calicut. Partis de cette ville en février, les Arabes occupés à ce trafic y revenaient du mois d'août au mois d'octobre et s'y enrichissaient prodigieusement.

Il ne faut donc pas être surpris qu'ils aient possédé dans la ville même plusieurs mosquées, de riches habitations ; ils avaient obtenu d'être régis par des lois spéciales et avaient leurs tribunaux particuliers.

Il était à prévoir que les Portugais, dès leur arrivée à Calicut, trouveraient dans les Arabes leurs plus dangereux ennemis. Il ne s'agissait de rien moins que de conquérir contre ces derniers la protection et l'amitié du rajah. La résistance de la population hindoue était moins à redouter, parce que les intérêts contraires ne se trouvaient pas engagés au même degré. Cette population indigène se divisait en castes nombreuses qui, au xve siècle, comme encore aujourd'hui n'avait guère perdu de leur importance primitive. On sait que l'organisation sociale de l'Inde est fondé sur le système des castes : sacerdoce, répartition des métiers, administration locale. Les deux castes prépondérantes étaient alors celle des brahmanes, qui avait le plus de privilèges et celles des naïres ou guerriers.

Non seulement ces diverses catégories d'individus ne se mélangent jamais par le mariage, mais il y a une étroite hiérarchie des castes, et les membres d'une caste supérieure sont réputés se souiller en ayant des rapports avec ceux d'une caste inférieure, surtout avec les parias qui sont au bas de l'échelle. L'orgueil de caste est une des grosses difficultés à laquelle se heurte, de nos jours encore, la prédication de l'Évangile. La belle parole, si connue de Turenne converti serait incomprise aux Indes : Un jour le maréchal, allait à la sainte table derrière son domestique, celui-ci s'écartant lui dit : « Passez, Monseigneur ! » « Mon ami, il n'y a de Seigneur ici que celui que nous allons recevoir tous deux. »

En face même du mystère de l'Eucharistie, les Indiens de noble caste refusent de croire que le pauvre est leur égal.

Quand Gama pénétra dans ces contrées la religion la plus répandue était celle du brahmanisme ; toutefois l'islam y comptait déjà de nombreux sectateurs.

Le dimanche, sur le soir, on alla mouiller à une demi-lieue du rivage. A peine les voyageurs étaient-ils au repos que des barques, venues de Calicut, s'approchèrent de la flottille pour avoir des renseignements, et Vasco profita lui-même de cette première entrevue pour s'informer des dispositions de la cité. Il apprit avec plaisir qu'il trouverait à Calicut deux Arabes de Tunis qui parlaient le castillan et le génois, et qui pourraient lui fournir les indications nécessaires. Il leur envoya immédiatement un de ses hommes, qui prit place, pour faire le trajet, dans la nacelle d'un des indigènes.

Alvero Velho, le naïf narrateur qui faisait partie de l'expédition de Gama, raconte ainsi la rencontre des Turcs et des Portugais :

« Les deux Maures dirent au Portugais : Par tous les diables, qui t'a amené ici? Que venez-vous chercher de si loin?

— Des chrétiens et des épices.

— Pourquoi donc ni le roi de Castille, ni le roi de France, ni la seigneurie de Venise n'envoient-ils personne dans ces parages?

— Parce que le roi de Portugal ne le veut pas.

— Ah!... Eh bien! ton roi a raison.

« Et les Arabes offrirent à notre compagnon l'hospitalité ; ils lui servirent du miel et du pain de froment, et, quand il eut achevé son repas, l'un d'eux le reconduisit aux navires. Lorsqu'il fut à bord, l'Arabe commença à dire : « Bonne chance, bonne chance!... Beaucoup de rubis, beaucoup d'émeraudes... Rendez grâce à Dieu de vous avoir conduit vers un pays où il y a tant de richesses. »

« Ceci était pour nous telle cause d'étonnement que nous l'entendions parler et ne le croyions pas, ne pouvant nous persuader qu'il y eût, si loin du Portugal, un homme capable de nous entendre en notre langage. »

Ceux qui l'entendaient parler si facilement diverses langues en étaient dans l'admiration. On l'aurait pris pour un Égyptien à Memphis, et pour un Phénicien à Tyr.

Ce Maure si encourageant avait habité le Portugal et parlait la langue espagnole. Il est probable que c'était un disciple de ces Arabes qui, dans les Universités de la péninsule, avaient étudié la littérature des anciens.

Vasco fut si satisfait de cette rencontre qu'il désira

s'attacher cet Arabe dont il avait immédiatement reconnu le caractère franc et loyal. Mozaïde — c'était son nom — accepta les offres qui lui furent faites ; il rendit de grands services au capitaine et revint en Europe avec la flottille. Il se fixa en Portugal, où il mourut chrétien.

Au moment où la flottille arriva à Calicut, le rajah était absent. Il séjournait, à ce moment de l'année, à une quinzaine de lieues de sa capitale. Vasco lui envoya immédiatement deux délégués par lesquels il l'informait que « l'ambassadeur du roi de Portugal était arrivé, porteur de lettres de son souverain, qu'il tenait à honneur de les lui remettre personnellement et que, si le roi de Calicut l'agréait, il viendrait le trouver en sa résidence actuelle ».

Le roi, flatté du message du commandant, reçut les envoyés avec courtoisie et leur offrit de fort belles étoffes. Il leur annonça qu'il allait revenir à Calicut pour y recevoir les hommages de leur chef, et se mit immédiatement en route avec une suite nombreuse. Dès qu'il fut arrivé dans sa capitale, le roi en fit informer Gama. Quand le message arriva, il était tard, et Paulo de Gama jugea imprudent de se rendre à cette heure à l'invitation du roi. Le lendemain, Gama eut à résister de nouveau aux touchantes remontrances de son frère. Celui-ci, en effet, dont on ne peut trop louer la tendresse infinie et le caractère généreux, renouvela ses efforts pour faire comprendre au hardi capitaine ce qu'il risquait en cette occasion ; il essaya de lui persuader que, bien qu'on débarquât au sein d'une population chrétienne — les chefs eux-mêmes se faisaient à ce sujet une singulière illusion — il y avait beaucoup de Maures dans la ville, que ces musulmans étaient des ennemis implacables et qu'il fallait craindre de voir se renouveler les scènes de trahison qui avaient eu lieu à Mozambique et à Monbaze.

Dans la pensée de Paulo, tout autre que son frère pouvait accomplir cette dernière partie de la mission ; ce n'était plus le fait d'un capitaine général. Les autres capitaines se rangèrent à cette opinion, mais ne purent ébranler la détermination de Vasco de Gama. En ce moment solennel, il montra le sang-froid le plus rassurant pour ceux qui l'entouraient et la plus entière confiance en l'habileté de son frère. « Quand même je devrais mourir, dit Vasco, je ne laisserai point d'avoir une entrevue avec le roi de Calicut, afin de m'assurer s'il y a moyen de lier avec lui amitié et commerce. Il faut que je rapporte en Portugal des preuves de notre découverte, sans cela on pourrait douter de nos paroles et de notre honneur. Pensez-vous qu'il ne vaille pas mieux mourir que de nous exposer à être la risée des envieux qui nieront le résultat de notre expédition? Certes, à mes yeux, la mort est préférable. Du reste, je n'expose pas ma vie autant que vous le croyez; je vais vers une terre où il y a des chrétiens et chez un roi qui désire qu'on jette dans sa capitale des marchandises nombreuses, en raison du très grand profit qu'il en tirera. Et si, Dieu aidant, j'obtiens l'honneur d'un tel traité, je ne le céderai à aucun prix. Si, contrairement à mes prévisions, Notre-Seigneur Jésus-Christ permet, pour mes péchés, qu'on me prenne et qu'on me tue, il me sera meilleur d'avoir fait mon devoir, même à ce prix, que de rester en vie ne l'ayant osé faire. A vous de garder la mer et, s'il m'arrive malheur, vous sauverez les navires et vous irez porter à la patrie la nouvelle de notre découverte. »

« Qu'il en soit comme vous l'avez voulu », dirent les capitaines, et Paulo de Gama fut chargé du commandement en l'absence de Vasco.

Enfin, le lundi 28 du mois de mai, Gama se disposa à quitter la flotte. Il se fit accompagner par douze de ses hommes. Outre l'interprète, Fernand Martins, quelques-uns étaient des principaux personnages de l'expédition : Diego Diaz, le secrétaire de Gama, João de Sâ qui, depuis, fut trésorier de la caisse des Indes; un marin expérimenté, Conzalo Pirez; Alvaro de Brage qui, dans la suite, fut secrétaire de la douane de Porto, AlvaroVelho, l'auteur du naïf et intéressant *Roteiro*, sorte de journal écrit durant la traversée.

Dès le point du jour, les embarcations de la flottille, pavoisées et pourvues d'artillerie, se tinrent prêtes à recevoir le capitam-mór et sa suite. Les flûtes et les trompettes sonnaient un appel triomphal. Les Portugais, vêtus de soie, mais soigneusement armés, malgré ces habits de luxe, descendirent avec empressement dans les chaloupes, et des rameurs vigoureux les eurent bientôt conduits à terre. « Nous allions tous en belle tenue, raconte Velho, les barques armées de bombardes, avec brillante fanfare et toutes bannières déployées. Et lorsque le capitam-mór fut à terre, il y trouva quantité de gens armés et d'autres qui ne l'étaient point. On nous reçut avec joie et empressement, comme gens que l'on est bien aise de voir. Là on amena au capitam-mór certaines litières portées à dos d'hommes, dans lesquelles les gens honorables ont coutume, en ce pays, d'aller. Le capitam-mór s'y plaça, et six hommes le portèrent en se relayant.

« Une autre litière reçut le ministre indien, qui s'avançait avec Gama vers le palais du monarque. Les Portugais les suivaient, marchant en ordre de bataille, et tout le peuple se pressait autour d'eux, impatient de savoir quels étaient les nouveaux arrivants. « Je ne dis rien de leur nombre, dit un témoin, parce qu'il était infini; tous ces gens-là s'étaient mis en route pour nous voir; les femmes mêmes, sortant de leurs habitations avec leurs enfants dans les bras, venaient à notre suite. »

Mais la ville était encore éloignée, c'était l'époque de l'hivernage ; les pluies diluviennes des tropiques pouvaient tomber tout à coup; on se hâta. Un festin d'ailleurs avait été préparé pour Gama, à Capocate; il refusa d'y prendre part; et après que les siens eurent accepté quelques rafraîchissements et se furent délassés de la marche, il se mit de nouveau en route. Près de Capocate, il se vit contraint de passer un fleuve rapide sur un espèce de radeau. On navigua ainsi l'espace d'une lieue, et l'on débarqua à l'entrée de la grande ville. Tout annonçait le voisinage d'une cité importante ; les navires étaient en réparation de l'une à l'autre rive; de vastes constructions s'élevaient au milieu des palmiers. Vasco de Gama monta dans un nouveau palanquin; les siens continuaient à lui faire escorte, et la foule persévérait à le suivre, grossissant toujours.

Le cortège avançait et parvint jusqu'à l'entrée d'une pagode où les confiants Portugais pénétrèrent avec les Indiens.

Nos Européens, toujours préoccupés de l'idée qu'ils étaient en pays chrétien, s'imaginèrent qu'ils entraient dans une église consacrée au culte catholique, mais les figures bizarres qu'ils y rencontrèrent ne tardèrent pas à les déconcerter. Des doutes religieux s'emparèrent des pieux voyageurs à la vue des statues et des peintures indiennes. « Au dedans de la chapelle, qui était un peu obscure, il y avait une image cachée dedans le mur que nos gens découvrirent de dehors, car on ne voulait pas les laisser entrer dedans, leur faisant signe que personne ne pouvait entrer là sinon les Cafres, lesquels montrant l'image, nommaient « Sainte Marie », donnant à entendre que c'était son imaige. Alors pensant le capitaine qu'ainsi fut, il se mit à genoux, et les nôtres avec lui, pour faire leur oraison. João de Sá, qui doutait que ce fût une église de chrétiens, pour avoir vu la laydure des imaiges qui étaient peintes aux murailles, en se mettant à genoux, dit : Si cela est un diable, je n'entends toutefois adorer que le vray Dieu. Le capitaine général qui bien l'entendit, se retourna vers lui en se riant... »

Mais tous les compagnons de Gama n'y regardèrent pas de si près. Alvero Velho, persuadé qu'il est en un édifice catholique, en donne la description détaillée : « Dans cette grande église, dit-il, se trouvait ce qu'on va voir :

« Premièrement le corps de cette église est de la grandeur d'un monastère ; construite de pierre de taille bien travaillée, couverte en carreaux ; et, à la porte principale, on voyait un pilastre de bronze de la hauteur d'un mât de navire, et au sommet se trouve un oiseau qui semble être un coq ; puis on voyait un autre gros pilier de la hauteur d'un homme ; au milieu du vaisseau de l'église, il y a une flèche de la même matière. On remarquait également une porte de bronze, et le long de la muraille, sept petites cloches.

« Les prêtres portent certains cordons jetés par-dessus l'épaule et allant se lier au dessous-du bras droit, comme le prêtre à l'Évangile portant l'étole. Ces hommes nous jetèrent de l'eau bénite ; ils nous donnèrent une terre blanche dont les gens de ce pays ont coutume de se marquer le front, la poitrine, la nuque et les bras. Ils firent toutes ces cérémonies au capitam-mór, et lui offrirent de cette terre pour s'en mettre. Il en prit, mais ne voulut pas s'en servir. Il y avait beaucoup de saints peints sur les murailles de l'église, lesquels portaient des diadèmes, et leur peinture était de diverses façons, car les dents de quelques-uns de leurs personnages leur sortaient un bon pouce de la bouche, et chacun d'eux avait quatre ou cinq bras... »

On s'explique que des saints de ce genre aient paru très drôles aux bons Portugais et que les plus avisés d'entre ceux-ci aient fait des réserves au sujet de leurs oraisons, n'étant pas bien sûrs s'ils se prosternaient devant des images saintes ou devant le diable. Mais les rites bouddhiques, on le voit, contribuaient à entretenir chez les naïfs compagnons de Vasco de Gama la conviction si étrange et si erronée qu'ils étaient au milieu de populations chrétiennes.

Leur erreur venait sans doute de la vague tradition qui peuplait l'Inde de chrétiens. Il y avait, en effet, des chrétiens à peu de distance de Calicut, dans le royaume de Cochin et dans celui de Travancore. On les connaissait aux Indes sous le nom de *Nazzarini* et de *Syriens*. Selon une antique tradition, l'apôtre saint Thomas, après avoir évangélisé la Perse et la Médie, pénétra jusque dans les Indes et souffrit le martyre dans la ville de Méliapour, également appelée Saint-Thomé.

Cette explication n'excuse pas entièrement la confiance plus qu'ingénue de nos Européens. On sait, en effet, que si le brahmanisme ancien était sans idoles, sans temples et presque sans dieux, et s'adressait surtout aux philosophes et aux savants, il n'en est pas de même de l'*hindouisme* dont le culte s'adresse à des dieux très vivants, très concrets, très humains, représentés par des statues et des images et qui contient une abondance de pratiques grossières et souvent cruelles. Comment ont-ils pu prendre la divinité hindoue Maha-Madja, pour une représentation de la sainte Vierge et quelle sainte ont-ils cru voir dans l'affreuse Kali, cette négresse qui tire une énorme langue rouge et qui porte autour du cou un collier de crânes humains? on se demande encore quels symboles ils pouvaient trouver dans les autres dieux, acolytes des premiers, qui étaient représentés sous les aspects les plus difformes, avec des multitudes de bras, de têtes, selon la singulière façon adoptée par les brahmanes de représenter l'infini. Le panthéon brahmanique est la plus révoltante collection de monstres que l'on puisse imaginer et n'a de comparable que celui des bouddhistes chinois. Il faut donc supposer qu'on ne fit voir aux Portugais que les images qui pouvaient — dans une certaine mesure et eu égard à l'acharnement qu'ils mettaient à vouloir trouver des chrétiens partout — les entretenir dans leur illusion. La liturgie, dont les cérémonies sont extrêmement variées, a pu également tromper les étrangers qui, çà et là, y retrouvèrent quelque chose de nos rites, tels que les processions, le chant d'hymnes sacrés, l'emploi de l'eau sainte du Gange, etc.

En tous cas, Alvaro Velho, dans son *Routier*, dit positivement que Gama, au milieu des difficultés qu'on lui suscitait, voulut retourner auprès du roi de Calicut, « qui était chrétien comme lui ».

L'intelligent Mozaïde, qui s'était fait leur interprète aussi fidèle que dévoué, n'était pas qualifié pour les tirer d'erreur. Il était mulsulman et ne pouvait, par conséquent, deviner la profonde dissemblance qui existe entre les peintures et les statues des temples hindous, et celles qui décorent nos basiliques.

VII

Avant de suivre les Portugais à travers les rues de la cité, disons quelque chose du culte hindou qui les a si étrangement induits en erreur.

L'Inde se flatte d'être le berceau de la philosophie et le paradis des philosophes. Or, rien de plus étrange, de plus disparate que la philosophie, la théologie, la croyance et le culte des millions d'hommes qui peuplent cette partie de l'Orient. Dogmatisme, scepticisme, nihilisme complet, tous les points de vue, tous les développements, toutes les formes de la spéculation ont été épuisés par les Hindous. Et pour eux le dernier mot de la perfection consiste en l'immobilité de la pensée et du cœur dans une sorte de contemplation béate. On se demande comment, avec les idées les plus magnifiques sur l'unité de Dieu, dans leurs livres, ils en sont venus à admettre les plus formidables absurdités. Car jamais peuple ne fut plus superstitieusement idolâtre que le peuple dont les brahmanes sont les philosophes et les docteurs. Le système mythlogique le plus embrouillé qui soit en Asie se trouve combiné avec des subtilités métaphysiques telles que jamais aucune école d'Occident n'en a enseignées. Tandis que l'emploi désordonné des abstractions, une métaphysique, dont il est impossible d'atteindre le fond, a conduit les brahmanes au dernier degré de l'extravagance de l'esprit, le peuple adore tout à la fois l'oiseau Garouda, une espèce d'aigle, et le serpent Capel, que cet oiseau mange. Au lieu de tuer ces reptiles venimeux, qui souvent lui donnent la mort, il va leur offrir en sacrifice les mets les plus délicats au fond de leur repaire. Il adore des pierres et des plantes et célèbre une fête annuelle en l'honneur d'une herbe appelée *darba*.

En certaines occasions, chacun adore son couteau, sa pelle et sa bêche; il y a une fête où l'ouvrier offre un sacrifice à tous les outils de sa profession et la ménagère à toute sa batterie de cuisine.

Le bœuf est le personnage principal d'une des grandes fêtes de l'année, et il y a également des fêtes en l'honneur de la vache. Cette dernière surtout est quelque chose de si vénérable qu'en tuer une ou manger de sa chair, est un crime beaucoup plus grand que de tuer un homme. Enfin le plus grand bonheur, le moyen infaillible pour un brahmane d'être heureux après sa mort, c'est de rendre le dernier soupir en tenant une vache par la queue.

Le spectacle des folies humaines se déroule tout entier dans les fables pitoyables et les grossières superstitions de ce culte. Un de leurs livres sacrés, le plus funeste de tous, enseigne l'art magique de nuire aux hommes par les sortilèges et les enchantements; les sacrifices sanglants y sont prescrits. C'est dans ces grimoires que les brahmanes ont puisé les formules de prières qui font pleuvoir sur eux l'argent et la considération. On conçoit qu'ils les trouvent précieux et n'en parlent qu'avec respect.

Depuis tant de siècles, les sectateurs de Brahma n'ont pas fait faire à la science le moindre progrès; ils ne voient dans l'étude des astres que l'astrologie, dans l'étude de la nature que la magie, et nous croyons intéresser nos lecteurs en leur donnant un échantillon de l'histoire naturelle des Hindous.

« Quatre principaux nuages donnent la pluie et remplissent cet office chacun une année. Le premier et le dernier sont favorablement disposés pour les hommes; ils procurent des pluies fécondantes; les deux autres, au contraire, ne produisent que des tempêtes et des ouragans. La fréquence des pluies dépend

Intérieur d'une pagode hindoue.

aussi de la bonne ou mauvaise volonté de sept éléphants, connus chacun par un nom qui lui est propre et dont la fonction annuelle consiste à porter l'eau aux nuages à tour de rôle. Quatre mettent une grande activité dans leur service, et fournissent à la pluie une ample provision ; mais les trois autres ne s'en acquittent qu'avec nonchalance ; la terre reste aride, et la disette se fait sentir. Des serpents, au nombre de sept et qui ont aussi un nom particulier, exercent successivement, une année chacun, un empire souverain sur toutes les espèces de serpents. Le serpent *Ananta* est le premier et le plus puissant de tous : c'est lui qui soutient la terre sur sa tête. L'année de son règne est funeste, en ce que les serpents sont alors extrêmement venimeux, et que la mort suit ordinairement de près leur morsure. Le règne du serpent *Karkata* n'est pas moins à craindre. Quant aux cinq autres, ils ne sont pas si méchants. Il est rare qu'on soit mordu des serpents sous leur règne, ou, lorsqu'on l'est, le venin n'est pas mortel. Le serpent *Maho-Padnia*, en particulier, est l'ami des hommes; non seulement il empêche les autres serpents de leur nuire, mais encore, si pareille aventure arrivait à quelqu'un, le bon reptile enverrait aussitôt le médecin *Damatary* pour le guérir. »

Voilà où en sont les brahmes de l'Inde, ces philosophes si vantés de l'antiquité, ces oracles qu'allaient consulter les sages de la Grèce !

Il faut reconnaître que le plus petit élève de nos écoles en sait plus long sur la pluie et les serpents que le plus savant des brahmanes.

L'Indien, qui est un peuple intelligent, sent bien que sa religion ne lui donne aucun essor, qu'elle est incapable de l'élever, de le consoler, et qu'elle le rive à la matière. Il voudrait parfois se dégager de son étreinte et battre de l'aile vers des régions plus hautes et plus sereines ; mais l'effort nécessaire lui manque ; incapable de le tenter, il retombe toujours dans son immobilité. Aussi point d'élan vers les grands problèmes qui passionnent l'Occident, point de progrès dans cette terre de soleil et de merveilles ; partout la routine, partout le néant.

Un missionnaire vit un jour un jeune brahme qui regardait tour à tour le temple du dieu hindou, Siva, construit au haut d'un rocher, et une modeste église catholique placée au dessous. — A quoi penses-tu, lui dit le prêtre ? — Mon père, répondit le brahme, je regardais votre église, il me semblait qu'elle avait des ailes et qu'elle s'élevait bien au-dessus du temple de Siva.

Cette poétique image rend bien les aspirations vagues et mélancoliques de l'Hindou vers un autre idéal; mais il n'en reste pas moins immobile, figé dans sa théorie du *nirvana*, et tandis que l'Occident, fier de sa civilisation, marche dans la voie du progrès, l'Orient, couvert des haillons de sa pauvre philosophie et de sa triste loque païenne qui tombe en morceaux, le doigt posé sur ses vieilles légendes, continue à dormir son sommeil séculaire.

Et comme le sommeil enfante les idées les plus folles, les images les plus étranges, les situations les plus invraisemblables, ainsi le symbolisme hindou admet toutes les formes, toutes les extravagances, tous les désordres. La religion de l'Inde est une œuvre aussi compliquée et irrégulière qu'un toit de pagode ou que les sculptures d'un temple de Benarès. On trouve de tout dans l'hindouisme : islamisme, bouddhisme, fétichisme, culte des forces naturelles, des ancêtres, des démons, du grigri, des animaux, et cet ensemble extraordinaire, fait d'incohérence et de contradiction, constitue la religion de l'Inde.

Et au milieu de ce dédale d'idées abstraites et de

polythéisme touffu, de morale assez épurée, jointe à un culte détestable, au milieu des rêveries stupides de la métempsycose et de l'extravagance de rites ridicules, on trouve, çà et là, comme un vague souvenir des cérémonies et des croyances chrétiennes.

D'après l'opinion de savants orientalistes, qui ont étudié le passé et les mœurs de ces contrées lointaines, ces vestiges de notre religion ont très probablement passé du Thibet dans l'Inde.

Il ne faut pas oublier qu'à l'époque où les bouddhistes s'établirent dans le Thibet, les parties de la Tartarie qui avoisinent cette contrée étaient pleines de chrétiens. Les nestoriens y avaient fondé des métropoles et gagné des nations entières. Plus tard, les victoires des enfants de Gengis-Khan, le grand conquérant tartare, empereur des Mongols, y amenèrent des étrangers de tous les pays : des Grégoriens, des Arméniens, des Russes, des Français, des musulmans, des moines catholiques chargés de missions importantes par le Pape et par saint Louis. Ces religieux portaient avec eux des ornements d'église, des autels, des reliques « *pour veoir*, dit Joinville, *se ils pourroient attraire ces gens à notre créance* ». Ils célébrèrent les cérémonies religieuses devant les princes tartares. Ceux-ci leur donnèrent asile dans leurs tentes et permirent qu'on élevât des chapelles jusque dans l'enceinte de leurs palais. Chrétiens de Syrie, romains, schismatiques, musulmans, idolâtres, tous vivaient mêlés et confondus à la cour des empereurs mongols, toujours empressés d'accueillir de nouveaux cultes et même de les adopter, pourvu qu'on n'exigeât de leur part aucune conviction, et surtout qu'on ne leur imposât aucune contrainte. On sait que les Tartares passaient volontiers d'une secte à l'autre, embrassant aisément la foi, et y renonçant de même pour retomber dans l'idolâtrie. C'est au milieu de ces variations que fut fondé, au Thibet, un nouveau siège bouddhiste. Il est naturel qu'intéressés à multiplier le nombre de leurs sectateurs, les brahmanes, afin de donner plus de magnificence à leur culte, se soient approprié quelques usages de la liturgie catholique, quelques-unes de ces pompes qui attiraient la foule. Rien d'étonnant qu'ils aient emprunté quelque chose à ces institutions de l'Occident que leur vantaient les ambassadeurs du roi de France et du Souverain Pontife et que les circonstances les disposaient à imiter. De là ces analogies qu'on a été si surpris plus tard de retrouver au centre de l'Asie : des monastères, des religieux, des processions solennelles, des pèlerinages, des fêtes religieuses, des collèges de lamas, chargés d'élire le dalaïlama, chef suprême de la religion bouddhique.

Ajoutons que les Hindous, voisins de la Perse dont les pèlerins étaient à Jérusalem, lors de la première prédication de saint Pierre, ont très probablement entendu, dès lors, parler de Jésus-Christ. Il est dit de l'apôtre saint Barthélemy qu'il porta dans l'Inde un exemplaire de l'Évangile de saint Mathieu. Cent ans après, cet Évangile y fut retrouvé, entre les mains de plusieurs fidèles, par le philosophe saint Pantène, qui, sur la demande des peuples de l'Inde, alla défendre le christianisme contre la doctrine des brahmes.

La tradition de l'évangélisation de ce pays par saint Thomas s'est religieusement conservée. « Le royaume de Hastingue, dit Camoëns, garde la cendre du sage Thomas. Dans ce royaume s'élevait jadis une superbe cité, Méliapour. Ses peuples adoraient les dieux impuissants qu'ils se fabriquaient de leurs propres mains : c'était le règne de la superstition et de l'erreur. Thomas arriva pour enseigner la vérité. Pendant qu'au moyen de nombreux miracles, il attestait la sainteté de sa vie, les flots jetèrent sur le sable une pièce de bois d'une grandeur prodigieuse. Le roi voulut l'employer dans la construction d'un palais qu'il faisait élever ; mais en vain l'industrie humaine, en vain les éléphants attelés tentaient de remuer cette masse énorme : elle était retenue, sur le rivage, par une main invisible. Ainsi, le bois demeurait inutile. Thomas se rend auprès du monarque, il le prie de lui faire présent de cette pièce de bois pour un temple qu'il élèverait alors au véritable Seigneur du ciel et de la terre. Le roi l'accorde, et sans peine, avec le cordon de sa ceinture, le saint la tire à lui seul. Il marche et l'arbre suit ses pas : tout le peuple est saisi d'admiration. Les Brahmes frémissent, et pénétrés d'une furieuse colère, ils complotent le supplice du saint homme qui a démasqué leur fourberie et leur impuissance.

« Pour accomplir ce projet sanguinaire, leur chef a recours à un crime qui fait frémir la nature et qui prouve que la haine la plus implacable est celle dont s'arme l'hypocrisie contre la véritable sagesse. Il trempe ses mains dans le sang de son propre fils : il le met à mort, et ajoutant la parjure au crime, il accuse Thomas de ce forfait exécrable. Les faux témoins triomphent et l'innocence se voit sur le point d'être condamnée. En cette extrémité Thomas implore le secours du ciel ; puis il se fait apporter le corps de l'enfant, et devant la cour de Hastingue, il lui ordonne de revivre et de nommer le coupable.

« Il dit et la Parque obéissante laisse échapper sa proie. L'enfant revient à la vie et déclare que sa mort était l'œuvre de son père. A l'aspect d'un si prodigieux miracle, le roi sent une flamme céleste s'allumer dans son âme : il abjure le culte des faux dieux, il consacre son encens au seul Dieu que Thomas adore. La honte des Brahmes envenime leur rage ; ils soulèvent ce peuple que leurs discours entretiennent dans l'erreur, et cette multitude frénétique les délivre d'un rival dont la vie faisait leur supplice.

« Sage Thomas, l'Indus et le Gange pleureront ton trépas ; elles seront arrosées de larmes, toutes ces régions qui saluaient, grâce à toi, le flambeau de la vérité. »

Un patriarche gouvernait les chrétiens de Cochin quand les Portugais abordèrent à Calicut, et il existe un ancien bréviaire de l'Église du Malabar écrit en chaldéen.

De leurs rapports avec les chrétiens les Hindous ont encore gardé une idée diffuse de nos dogmes, la

Trinité, l'Incarnation, la Rédemption. Comme nous l'avons dit, d'ailleurs, le christianisme a été prêché dans l'Inde à une époque très reculée, et c'est par l'Inde qu'il fut introduit en Chine; mais, faute de missionnaires qui se succédassent, il dégénéra peu à peu en superstition, et il n'en resta plus que quelques coutumes qui finirent par prendre place dans les mystères et les rites brahmiques.

Telle est l'origine des analogies qui existent entre les institutions, le culte, les doctrines bouddhiques et celles du catholicisme; telle fut la cause de l'erreur des Portugais.

VIII

Au sortir de la pagode, le cortège se reforme et la foule s'accroît. A toutes les fenêtres, sur toutes les terrasses, sur tous les toits, on aperçoit des visages de vieillards, de femmes et d'enfants se montrant l'un à l'autre le chef des étrangers. Près de deux mille hommes d'armes les suivaient; les trompettes et les tam-tam ne cessaient de retentir.

On arrive, ainsi escorté, jusqu'aux jardins splendides qui entourent le palais du monarque. L'air qu'on y respire est rempli du parfum des fleurs magnifiques qui s'étalent aux yeux des nouveaux visiteurs.

Les conseillers du roi s'avançaient au-devant des étrangers ; mais, quand ils furent parvenus dans la cour d'honneur, la foule devint si compacte qu'il fallut la refouler violemment et que ce ne fut qu'avec mille peines et après un long retard que Gama et sa suite pénétrèrent enfin dans la salle du trône.

Sous un dais magnifique, sur un divan de velours vert dont l'élégance égalait la richesse, le roi attendait ses hôtes. Un grand vase d'or était à côté de lui et un officier du palais en tirait les feuilles parfumées du bétel et les lui présentait ; un second vase du même métal recevait les feuilles dont il avait exprimé l'arome. Vasco de Gama s'avança alors avec une contenance pleine de dignité et de noblesse.

Le vieux chroniqueur témoin de la mémorable entrevue nous la raconte avec grands détails :

« Lorsque le capitam-mór entra, il fit sa révérence selon la coutume de ce pays, qui consiste à joindre les mains et à les élever vers les cieux. Le roi fit alors signe au commandant de se placer au-dessous de l'estrade où il se trouvait, mais Gama n'en fit rien parce qu'en ce pays il n'est pas permis à un homme de s'approcher de la personne royale ; on ne lui parle qu'à distance. Il n'y a qu'une seule exception en faveur du familier qui sert le roi. Néanmoins, sur une seconde invitation, le capitam s'assit en face du trône, et nous, à peu de distance, sur un banc de pierre. On nous apporta de l'eau pour nous laver les mains, puis on nous servit des melons et des figues. Le roi, qui nous regardait manger, riait de nous avec son familier. Il s'adressa ensuite au commandant et lui demanda ce qu'il voulait. « Je suis, répondit Gama, l'ambassadeur du roi de Portugal, qui commande à des pays nombreux, et est plus riche en toutes choses qu'aucun souverain de ces contrées. Depuis soixante ans, les rois ses ancêtres expédient chaque année des navires pour découvrir le pays de l'Inde, parce qu'on leur a dit qu'il y avait dans ces régions des monarques, chrétiens comme eux. Le désir d'entrer en relation avec ces contrées a été le motif de ces nombreuses expéditions. Les rois du Portugal ne se préoccupaient d'ailleurs ni de l'or ni de l'argent, ni des autres richesses qu'on peut trouver dans ces régions, attendu qu'ils en ont en telle abondance qu'il n'est plus nécessaire qu'ils exploitent de nouvelles mines. Jusqu'ici les navigateurs qui m'ont précédé n'ont pas été heureux dans leurs recherches ; c'est pourquoi le roi Emmanuel, qui actuellement règne avec gloire sur ma patrie, m'a confié trois navires et m'a ordonné de ne rentrer en Portugal qu'après avoir enfin trouvé le pays que nous cherchions.

« Nous voici arrivés, et le roi mon maître m'a remis deux lettres pour le souverain de ce pays que, par ma bouche, il fait saluer comme un frère et ami. »

Le rajah répondit à Vasco qu'il était le bienvenu et qu'il profiterait de ses vaisseaux pour envoyer à son tour des ambassadeurs à dom Emmanuel.

« Mais avant de m'arrêter à aucune détermination, continua le prince hindou, je dois prendre l'avis de mon conseil ; il faut que je sois mieux renseigné sur la contrée dont tu sors, la nation qui l'habite et le souverain qui la gouverne. Tu pourras, en attendant, te reposer de ton voyage. Ma réponse sera prompte et conforme, je l'espère, au désir de ton roi. »

La nuit était venue, le rajah demanda à ses hôtes s'ils voulaient prendre leur repos chez des Maures ou chez des chrétiens,

« Ni chez les uns, ni chez les autres, répondit

prudemment Vasco. Ne pourrais-tu nous désigner une maison inhabitée où nous pourrions dormir en paix ?

« Le roi promit de donner des ordres en conséquence et l'on se mit en route : Gama porté dans une litière, ses compagnons suivant à pied au milieu d'une foule qui grossissait à chaque minute, malgré une pluie battante, telle, que l'eau ruisselait dans les rues détrempées. Et nous montâmes ainsi longtemps dans la cité, si longtemps que le commandant s'ennuya et s'en plaignit au Maure chargé de l'accompagner. Celui-ci, afin de rendre le parcours plus rapide, fit amener un cheval, mais il était sans selle, de sorte que le commandant ne le voulut pas chevaucher. Quand enfin, mouillés jusqu'aux os, nous arrivâmes à notre gîte, quelques-uns des nôtres s'y trouvaient déjà avec les effets du capitam-mór et les cadeaux destinés au souverain de Calicut.

« Or voici en quoi consistaient ces présents: douze pièces de drap rayé, douze manteaux à capuce d'écarlate, six chapeaux, quatre branches de corail, une caisse de bassines contenant six pièces, une caisse de sucre, deux barils d'huile et deux de miel.

« Il est d'usage de ne rien offrir au rajah sans en

avoir d'abord rendu compte au catual, l'intendant civil de la maison du prince, et au chef des douanes. Ils vinrent tous deux, mais ils ne firent que se moquer de ces présents, les jugèrent indignes d'être offerts à la Majesté souveraine et affirmèrent que le plus pauvre marchand venant de la Mecque ou des Indes apportait au roi mieux que cela. Ils ajoutaient que si notre commandant voulait lui être agréable, il devait lui envoyer de l'or.

« Le capitam-mór en entendant cela prit grande mélancolie. « Je n'ai pas d'or, dit-il ; de plus, je ne suis pas marchand, mais ambassadeur, et ce que j'ai, je le donne. Quand un traité sera conclu avec mon pays, le roi que je sers me confiera une nouvelle mission et j'apporterai au Samorin de riches présents. S'il ne veut pas ceux-ci, je les retournerai à mes navires. » Mais les deux fonctionnaires ne voulurent ni se charger d'offrir les objets en question, ni consentir à ce qu'on les porte à leur souverain.

« Ils s'en allèrent, et tous ceux qui vinrent se moquaient de nous; nos présents ne firent qu'exciter le dédain chez les musulmans et des risées chez les Hindous. »

Gama, très mortifié de l'aventure, se décida à aller

parler lui-même au Samorin; mais auparavant il voulait retourner à ses navires. Les indigènes le voyant décidé à agir, changèrent de ton ; ils le prièrent de réfléchir un peu, lui dirent qu'ils allaient immédiatement s'occuper de la question, que dans peu d'instants ils seraient de retour, et qu'alors ils l'accompagneraient au palais.

Il ne les revit pas.

Tout le jour se passa dans une fiévreuse attente. Impatient et soucieux, Gama voulait se rendre au palais sans eux ; d'un autre côté, il craignait que cette précipitation ne nuisît à ses projets, et il finit par prendre la détermination d'attendre au jour suivant.

Ses compagnons, qui n'avaient pas les mêmes préoccupations et les mêmes responsabilités que lui, prirent du bon côté ce fâcheux contre-temps. Pour se desennuyer, ils se mirent à chanter et à danser au son des trompettes et s'amusèrent si bien que les heures leur parurent courtes. Ils dansaient encore quand, vers le matin, arrivèrent les mandataires chargés de conduire au roi le capitam-mór. Celui-ci partit aussitôt, accompagné de ses hommes. Arrivés au palais, on les fit attendre quatre mortelles heures devant une grande porte qui ne s'ouvrait pas. Quand enfin arriva le moment de l'audience, Gama seul fut introduit avec son secrétaire et Ferdinand Martins qui savait bien parler. Cette séparation, à laquelle on ne s'était pas attendu, ne sembla bonne ni aux uns ni aux autres.

Dès qu'il vit Vasco de Gama, le rajah se mit à lui adresser des reproches, disant que s'il venait d'un royaume aussi riche qu'il l'avait annoncé, il était surprenant qu'il ne lui apportât rien. Le Portugais répondit qu'il venait pour observer et découvrir et que le soin d'amener des présents était réservé à d'autres vaisseaux.

Ces promesses ne faisaient point l'affaire du Samorin, qui était avare et rapace. « Hé! qu'es-tu venu découvrir, dit-il avec ironie, des pierres ou des hommes? Si ce sont des hommes, il fallait leur apporter quelque chose. On m'a assuré que tu avais à ton bord une *Sainte Marie* en or pur, pourquoi ne me la donnes-tu pas?

« La statue dont tu parles n'est pas en or, mais, le fût-elle, je ne te la donnerais pas. Elle m'a accompagné sur l'étendue des mers, je la ramènerai dans ma patrie.

— Donne-moi les lettres dont tu es porteur, dit le roi.

— Je vais te les remettre immédiatement ; mais je veux, pour te les traduire, un chrétien sachant l'arabe, car je sais tout le mal que me veulent les musulmans, et j'ai l'intime certitude qu'ils dénatureraient mes paroles, comme les écrits de mon prince.

— Fort bien, dit le roi, et il fit appeler un petit jeune homme que l'on dit être chrétien, mais qui, ne sachant pas l'arabe, ne put lire la lettre. Quatre musulmans qui se trouvaient là prirent la lettre, la lurent d'abord entre eux, puis vinrent la communiquer au roi, qui s'en montra satisfait.

Le roi de Calicut, en effet, a toujours à sa disposition de nombreux écrivains, assis dans un coin, loin de lui, sur une natte. Ils prennent note de toutes choses aussi bien relatives à la marchandise royale qu'à la justice et au gouvernement. Ils écrivent avec un stylet de fer, sur des feuilles de papier longues et tendues. Chacun de ces gens, en quelque lieu qu'il se transporte, a sous le bras un paquet de feuilles écrites et tient à la main sa plume de fer. A ce signe, ils sont immédiatement reconnus.

Gama en vit sept ou huit qui attendaient ainsi, pour écrire, les ordres du souverain. C'étaient des hommes âgés et qui paraissaient jouir d'un grand crédit.

Le rajah, après avoir interrogé Gama sur les produits de son pays, le congédia avec tous ses hommes, qui rentrèrent à leur quartier, et firent leurs préparatifs pour aller dès le lendemain rejoindre les navires.

Il est bon de faire observer ici, et la suite de cette histoire le prouve suffisamment, que ce fut une faute irréparable de s'être présenté devant un monarque de l'Orient sans apporter des présents dont la magnificence pût servir à attester un pouvoir que les musulmans ignoraient et qu'ils avaient du reste tout intérêt à contester. Jean II, qui connaissait l'esprit des peuples asiatiques, n'eût probablement pas commis cette faute. Les riches commerçants venus d'Ormuz et d'Aden surent mettre à profit cette circonstance pour détruire dans l'esprit du Samorin l'impression favorable qu'avait pu produire sur lui l'attitude première des Portugais.

De leur côté, le catual et d'autres de la maison du rajah s'efforcèrent de le circonvenir dès que Gama se fut retiré. A tout prix il fallait indisposer le prince contre ces étrangers. Rassemblés par un ordre supérieur, les aruspices et les devins interrogèrent la magie sur les suites incertaines de l'arrivée des voyageurs. Ils firent voir au Samorin, dans un vase rempli d'eau, plusieurs navires qui venaient de très loin, dans les Indes, et lui prédirent que la nation à laquelle appartenaient ces étrangers détruirait en Orient la puissance des Maures.

C'était du reste un bruit depuis longtemps répandu dans les Indes que ce pays deviendrait un jour la conquête d'un peuple de l'Occident.

Il était donc facile d'effrayer la faible rajah. Aussi les Maures s'attachèrent-ils à lui faire admettre toutes les raisons qui, selon eux, s'opposaient à ce que les Portugais soient admis dans les ports du Malabar. Il faut convenir que ces raisons étaient assez fortes pour tenir le prince en suspens. « Grand roi, lui disaient les Arabes avec une astuce consommée, nous vous avons assez bien servi pour que vous prêtiez l'oreille à nos plaintes. Qu'est-il besoin de vous rappeler l'importance des tributs dont notre commerce et notre industrie ont grossi et grossissent encore chaque jour le trésor de l'empire? Consultez les receveurs de vos finances, interrogez vos intendants, et vous pourrez juger si nous avons contribué en quelque chose à la fortune du pays. Ce zèle ardent pour vos intérêts, nous le tenons de nos pères, qui, depuis plusieurs siècles, ont regardé le Malabar comme leur sol natal, et n'ont cessé de chérir et d'honorer les souverains de Calicut. Et tout cela serait détruit par des aventuriers qui ne viennent ici que pour bouleverser vos États ?

« Vous les avez accueillis sans défiance ; nous n'en sommes pas surpris ; un cœur magnanime répugne à croire à de pareilles machinations. Cependant vous n'ignorez pas combien ces pirates ont maltraité de nations dans leur course vagabonde. Ils ont, à main armée, envahi Mozambique, rempli de sang le port de Monbaze... »

C'est par ces accusations et bien d'autres encore que les musulmans travaillaient à nuire aux Portugais dans l'esprit du Samorin ; aussi, dès ce moment, une ligue formidable se forma contre eux entre les païens et les Maures. Et les navigateurs qui avaient été reçus en triomphe, les ambassadeurs de l'Occident qu'on avait accueillis d'abord avec tant de magnificence, ne furent plus, aux yeux des habitants de Calicut, qu'un ramas de brigands sans roi, sans culte et sans patrie, de vils pirates qu'il faut se hâter de punir et contre lesquels tous les moyens sont bons.

L'hostilité devint évidente lorsque Gama voulut monter avec ses hommes dans les amaldias, ces légères embarcations qui desservent le port de Calicut, et qui devaient les reconduire aux navires où lui et ses gens étaient impatiemment attendus. On commença par leur refuser les nacelles; puis, voyant le mécontentement de Vasco, on fit mine de vouloir leur en fournir, mais en réalité on les promena le long de la plage sans leur permettre de s'embarquer. Le commandant, à qui l'attitude des musulmans commençait à paraître louche, ordonna à trois de ses hommes de se porter en avant, leur disant tout bas que s'ils rencontraient les embarcations des navires et s'ils voyaient son frère Paulo, ils lui recommandassent instamment de se cacher afin qu'il ne se trouve pas pris dans le guet-apens où Gama se trouvait lui-même. Ces hommes obéirent, ne trouvèrent rien et revinrent sur leurs pas; mais, pendant ce temps, on avait fait changer de direction à leurs camarades, et il ne leur fut plus possible de les rejoindre.

Le temps passait; il était bien tard; Gama et ses gens, harassés de fatigue, entrèrent dans une maison et demandèrent à manger. Ils achetèrent des poules et du riz, et firent un joyeux repas, en dépit de leurs préoccupations. Les Maures s'en étant allés et les ayant laissés tranquilles, Gama, sans doute pour rassurer son monde, peut-être aussi par une naïve conviction, se prit à dire que ces musulmans n'étaient sans doute pas si mauvais qu'il l'avait craint, que s'ils avaient refusé de les laisser partir cette nuit-là, c'était probablement dans une bonne intention. Mais cette belle confiance du capitaine ne réussit pas à dissiper les fâcheux soupçons de son entourage. Les Portugais pensaient au contraire que tout allait fort mal et que les événements des jours précédents étaient de très mauvais augure.

Le lendemain, les Maures reparurent, et le capitaine réclama de nouveau des embarcations pour aller rejoindre sa flotte.

Mais le catual lui répondit avec arrogance que c'était à la flotte de s'approcher plus près de la terre. « Appelle tes vaisseaux disait le perfide, leur voisinage rendra nos communications plus faciles. Pourquoi crains-tu de les confier à nos rivages? Tu nous montres la défiance d'un pirate. »

Cette fois l'illusion n'est plus possible, et Gama comprend que, si la flotte s'approche, elle sera aussitôt surprise, assaillie et brûlée. Il demande à retourner auprès du Samorin, qui lui a solennellement donné la permission de partir et dont le catual viole les ordres.

« A votre aise, lui dit ce dernier, d'un air moqueur;

mais quand Gama voulut sortir, toutes les portes de la maison étaient fermées, toutes les issues gardées par des gens armés.

Le capitaine, moins attristé de son sort que de celui des hommes dont il a la garde, veut du moins sauver ces derniers. « Tu me retiens prisonnier, dit-il au catual, soit; mais laisse du moins aller mes compagnons ; ils ne te sont, eux, d'aucune utilité. Pourquoi veux-tu qu'ils meurent ici de tristesse et de faim ? »

On en était là, quand un des hommes égarés la veille vint informer Gama que, depuis le soir précédent, Nicolas Coelho, avec les chaloupes, l'attendait sur la plage.

Cette communication porte à son comble l'anxiété de Gama. Avec mille précautions et une adresse merveilleuse, il réussit à tromper la vigilance de ses geôliers et à faire sortir un de ses hommes. Celui-ci avait pour mission d'aller avertir Coelho de ce qui se passait et lui donner l'ordre de regagner immédiatement la flotte. Dès que le messager se fut acquitté de sa mission, Coelho et ses chaloupes s'éloignèrent en toute hâte; mais à peine avaient-ils quitté le rivage que le catual en fut instruit. Il fit aussitôt équiper un grand nombre d'amaldias qui se mirent rapidement à la poursuite des chaloupes, mais ne purent heureusement pas les atteindre.

Furieux, le catual revint à Gama et lui intima l'ordre d'écrire à son frère Paulo pour lui conseiller de s'avancer plus avant dans le port. Gama, énergique et ferme dans cette situation cruelle, se contenta de répondre par un refus plein de mépris. Ses compagnons faisaient également bonne contenance, affectant au dehors un calme qu'ils ne pouvaient avoir au fond du cœur.

« Tout ce jour nous le passâmes en cette agonie, » dit l'un d'eux.

Quand la nuit revint, on doubla les gardes. Les Portugais ne pouvaient plus échapper un seul instant à l'étroite surveillance dont ils étaient l'objet. Leurs geôliers se relayèrent toute la nuit, armés jusqu'aux dents, comme s'ils avaient eu affaire à une troupe de malfaiteurs. La gravité de leur situation n'empêcha pas nos amis, qui décidément avaient autant d'appétit que de courage, de souper à merveille des divers aliments qu'ils avaient fait acheter dans le bourg.

Vers le matin, il arriva de nouveaux personnages qui avaient l'air moins hostiles, le catual lui-même changeait de tactique. L'attitude résolue de ses prisonniers l'avait grandement surpris ; il se demandait si ces étrangers ne se sentaient pas forts de l'appui du rajah et commençait à craindre que ce dernier, informé de ce qui se passait, désapprouvât toute cette trame et ne l'en punît.

Il jugea donc prudent de changer de résolution : « Je consens, dit-il à Gama, à ce que tes vaisseaux restent loin d'ici ; mais tu nous livreras les marchandises dont nous pouvons faire l'échange ou la vente. Qui ne veut pas le commerce, veut la guerre. »

L'intention de l'avare catual n'était pas douteuse. Mais Gama estimait avec raison que la liberté vaut mieux que les richesses ; il céda sans hésiter. Cependant, par prudence, il refusa d'employer au transport les chaloupes portugaises. Des barques indiennes furent dirigées vers la flotte et reçurent les diverses marchandises réclamées par le catual pour être vendues sur place.

Dès que celui-ci eut vu ces richesses, il laissa Gama libre de retourner à son bord, lui et ses gens. « Ce dont ils se réjouirent infiniment, rendant grâce à Notre-Seigneur de les avoir tirés d'entre tels hommes qui sont sourds à toute raison. »

Alvaro de Braga et Diego Diaz, chargés de surveiller la vente des produits du Portugal, restèrent à Calicut. Les négociants envoyés par le roi vinrent visiter l'exposition des différentes marchandises; mais, au lieu d'acheter, ils les dépréciaient, les examinaient avec dédain et finirent par ne plus entrer dans les magasins. Ils le prenaient de très haut avec les Européens et, si l'un deux venait à terre, ces musulmans crachaient à leurs pieds en signe de mépris et criaient en riant: *Portugal! Portugal!*

Dans ces conditions, les marchandises ne se vendaient pas, et Vasco fit demander au roi l'autorisation de les faire transporter au centre même de la ville de Calicut, où l'écoulement se ferait plus aisément et plus vite.

Le rajah donna la permission demandée et fit transporter toute la cargaison à dos d'homme, ajoutant que rien de ce qui venait du roi de Portugal ne devait, dans ses États, être soumis à aucun impôt.

Dans tout cela, cependant, il n'y avait que trahison et mauvais vouloir à l'égard des étrangers.

Néanmoins, pendant quelques jours, tout semblait marcher à souhait et, le 24 du mois de juin, le capitaine décida que tout l'équipage visiterait Calicut; chaque navire expédierait un homme, et quand ces trois marins seraient de retour, trois autres leur succéderaient ; de cette façon tout le monde verrait la ville et pourrait y faire les acquisitions qui lui plairait.

Ainsi fut fait. La population indigène se montra très hospitalière en dépit de son extrême pauvreté, qui contrastait avec la richesse des Maures établis dans ce pays. On fit des échanges, on acheta des clous de girofles, de la cannelle, des pierres fines et, de part et d'autre, on était enchanté de ce petit trafic.

Gama, voyant ce peuple si paisible, se détermina à y établir une factorerie, qu'il confia à Diego Diaz. Celui-ci avait sous ses ordres un secrétaire et d'autres employés subalternes.

Vasco de Gama en fit informer le Samorin et lui annonça qu'il était prêt à partir ; il lui envoyait en même temps, à titre gracieux, de l'ambre, du corail et d'autres objets, réclamant en échange, et contre paiement si on le désirait, un bahar de cannelle, un de clous de girofles et d'autres échantillons d'épices.

On attendit quatre jours avant de pouvoir parler au souverain. Quand enfin le messager, Diego Diaz, fut introduit, le roi lui fit mauvais visage, refusa de voir les présents apportés et dit que puisque Gama voulait partir, il n'avait qu'à s'en aller, mais qu'auparavant il devait lui verser 600 *séraphins* (environ 2.500 francs de notre monnaie).

Diego se retira pour aller transmettre cette réponse au commandant. Mais des envoyés du roi le devancèrent aux magasins, en firent garder les portes par des sentinelles qui avaient l'ordre de retenir prisonniers les quelques Portugais qui s'y trouvaient et de s'emparer également de Diego ; en même temps on faisait publier par toute la ville qu'il était défendu à toute embarcation de s'approcher des navires européens.

Le premier soin des captifs fut d'informer Gama de cet événement. Ils y réussirent en lui envoyant secrètement un jeune nègre qui s'était trouvé par hasard avec eux. L'enfant, à la tombée de la nuit, gagna un pêcheur à prix d'argent et se fit conduire à la flotte.

C'était un lundi, 13 du mois d'août 1498.

La triste nouvelle désola l'équipage, non seulement parce qu'on craignait pour la vie des compatriotes tombés entre les mains de leurs ennemis, mais encore à cause du retard que cette nouvelle canaillerie apportait au départ. Or il était évident qu'au point de vue du commerce on prolongeait en vain le séjour dans ces parages; l'astuce et la perfidie en avaient fermé toutes les voies. En cherchant à retenir la flotte portugaise, les Maures poursuivaient l'idée de la faire attaquer et détruire par les vaisseaux qu'ils attendaient de la Mecque, car c'était l'époque où l'Inde les recevait dans ses ports.

Heureusement pour les voyageurs, Mozaïde était là. Il avait surpris les conversations des musulmans et connaissait leur complot. Or, nous l'avons dit, il avait l'âme droite ; il fut révolté de tant de méchanceté et se décida à avertir Gama.

« La flotte est en péril, lui dit-il, les navires arabes qui viennent chaque année dans ces mers ne tarderont pas à paraître. Ils sont bien armés et portent des soldats plus nombreux que les tiens. Le courage de tes compagnons ne les empêchera pas de succomber dans une lutte inégale. »

Il fallait donc se hâter ; la saison d'ailleurs était favorable ; mais comment abandonner les hommes retenus prisonniers à Calicut ?

« Advienne que pourra, pensa Vasco, je ne m'en irai pas sans eux. »

Le surlendemain, une embarcation amena à bord quatre jeunes gens qui offraient à vendre des pierres fines ; mais il parut aux marins que ces marchands d'occasion venaient bien plutôt pour espionner que pour faire des affaires. Néanmoins le capitaine leur fit bon accueil et écrivit par leur entremise une lettre aux captifs.

Cette bienveillance était habile ; elle rassura la population sur les dispositions des navigateurs, de sorte que chaque jour il leur arrivait de nouvelles visites. Le dimanche suivant, vingt-cinq hommes, parmi lesquels six personnages fort importants, vinrent à bord. L'occasion était belle de forcer le rajah à lui rendre les prisonniers. Gama en profita ; il fit arrêter dix-neuf des visiteurs et renvoya les six autres avec une lettre informant le Samorin que ses sujets ne lui seraient rendus que lorsqu'il aurait remis en liberté les hommes qu'il retenait captifs.

On se figure dans quel émoi cet événement jeta toute la population du Calicut. Gama, pour augmenter les alarmes et forcer plus vite la main du rajah, ordonna avec éclat les préparatifs du départ. Les voiles se déploient, on gagne le large et l'on allait perdre de vue la côte, quand on aperçut au loin sept embarcations, montées par nombre de gens, qui ramenaient Diego Diaz et ses compagnons.

IX

Voici ce qui s'était passé. Quand le Samorin apprit le départ des étrangers, qu'il vit le désespoir des familles et l'agitation de la cité, il fut pris d'une véritable terreur, fit mander Diego Diaz, auquel cette fois il fit très bon accueil et lui dit : « Va-t'en, retourne vers ta flotte avec tous ceux qui t'accompagnent et dis à ton maître de me renvoyer les hommes qu'il retient. »

Il dicta ensuite à Diego Diaz, pour être remise par Gama au roi de Portugal, une lettre ainsi conçue :

« Vasco de Gama, gentilhomme de ta maison, est venu en mes États, ce que j'ai eu pour agréable. En mon pays, il y a beaucoup de cannelle, beaucoup de clous de girofles, de gingembre et de poivre, avec nombre de pierres précieuses. Ce que je souhaite de ton pays, c'est de l'or, de l'argent, du corail et de l'écarlate. »

Cette missive est étrangement laconique. Quand on la compare aux formules pompeuses employées par les souverains orientaux vis-à-vis des autres souverains, on devine en quelle médiocre estime le prince hindou tenait le nouvel ambassadeur et le roi européen qu'il représentait.

Mais Diego Diaz n'en exigeait pas davantage. Il ne demandait qu'à partir au plus vite et put enfin s'embarquer le 27 juin. La joie de l'équipage fut grande en voyant arriver ceux pour qui on avait eu tant d'alarmes. Mais les Malabares, en ramenant les captifs, n'avaient pas ramené les marchandises. Gama, qui avait été joué jusque-là, n'entendait plus être volé. Il rendit une partie des prisonniers et en garda six, s'engageant à les renvoyer également dès que les marchandises retenues lui seraient rendues.

Le lendemain, en effet, sept autres barques, montées par beaucoup de monde, s'avançaient sur la mer; mais trois seulement s'approchèrent de la flottille. Interrogés, ceux qui les montaient dirent qu'ils venaient chercher les prisonniers, que les quatre autres barques, trop chargées par les marchandises, avançaient plus difficilement. Elles ne devaient cependant pas tarder à arriver et, en attendant, ils demandaient qu'on leur remît leurs compatriotes.

Gama examina alors attentivement les barques en retard et remarqua qu'elles ne bougeaient plus de place. La finesse était cette fois par trop cousue de fil blanc. Hors de lui de cette nouvelle tromperie, le capitaine renvoya les trois barques, déclarant que tous pourparlers étaient désormais inutiles, qu'il emmènerait en Portugal les prisonniers qui lui restaient.

Et la flottille, s'éloignant rapidement, perdit bientôt de vue les petites embarcations malabares.

On comprend l'indignation de Gama ; on ne saurait approuver cet acte d'inhumanité. Ceux qu'il emmenait étaient probablement des innocents qui se trouvèrent ainsi victimes de la cupidité de leur roi. Il avait estimé pour lui-même et pour les siens que la liberté et la vie d'un homme valent mieux que la richesse, il aurait dû penser de même lorsqu'il s'agit des malheureux Hindous. Ajoutons à la décharge de Gama et des deux autres capitaines, qu'ils croyaient revenir très prochainement aux Indes et qu'ils se flattaient d'y ramener leurs prisonniers. Ils furent bons pour eux et s'efforcèrent de leur alléger, par d'excellents procédés, les amertumes de la captivité.

Les Malabares tentèrent un effort désespéré pour sauver les otages. Le jeudi, vers midi, comme la flottille avait été prise par le calme à environ une lieue au-dessous de Calicut, soixante-dix embarcations, pleines de gens armés, essayèrent d'attaquer les navires. Une triple décharge d'artillerie les maintint à distance, et c'est par cet acte flagrant d'hostilité que se terminèrent les relations qui, au début, avaient été si cordiales.

Un des prisonniers fut, peu après, expédié de la côte avec des lettres écrites en arabe et adressées au Samorin. Celui-là du moins put revoir son pays.

Arrivé à quelque distance de la côte, Gama se rendit à un îlot situé à deux lieues du littoral et y planta son troisième pilier de démarcation. C'était la dernière des colonnes qu'Emmanuel avait ordonné d'élever dans les pays qu'on allait parcourir : on l'appela le pilier *Sainte-Marie*. Le premier, qui portait le nom de *Saint-Raphaël*, avait été posé au Rio des Bons Indices; un second, *le Saint-Gabriel*, s'élevait à Calicut.

Cet acte, solennel aux yeux de Gama, était pour ainsi dire le complément de sa mission. Après l'avoir accompli, il pouvait reprendre, heureux et triomphant, le chemin de la mère-patrie.

Le 19 septembre la flottille s'approcha du groupe des Angédives par les 15° 44′ 30″ de latitude nord et les 73° 45′ de longitude, à 14 lieues environ de Goa. C'est

Et la flotille s'éloignant rapidement, perdit de vue les petites embarcations malabares.

une terre élevée, d'un aspect gracieux, où l'air est agréable et salubre. On décida d'y renouveler la provision d'eau et de bois et, lorsqu'on fut à terre, on obtint des habitants des provisions de toutes sortes ; des viandes de porcs et de bœufs, de la volaille, des fruits. Le cannellier croît en grande quantité dans cette île. Quand les échanges furent terminés et qu'on eut rejoint les vaisseaux, le pilote remarqua plusieurs gabarres prises par un calme plat et dans lesquelles Gama pressentit des ennemis. En conséquence, il prit immédiatement ses dispositions pour les attaquer. Dès qu'ils s'aperçurent que les Portugais se dirigeaient sur eux, les navires pointèrent vers la terre; mais, avant qu'ils eussent pu aborder la côte, un des bâtiments eut son gouvernail brisé. L'équipage aussitôt se jeta dans l'embarcation qu'il portait en poupe et gagna le port, abandonnant la gabarre avariée. Les attaquants s'en emparèrent, mais n'y trouvèrent que des vivres et des armes. Ils acquirent la conviction que ces navires venaient de Calicut et s'étaient mis à leur poursuite dans l'intention de brûler la flottille.

Le lendemain, les explorateurs visitèrent une autre des îles du groupe et y trouvèrent un édifice « en manière d'église », où les indigènes faisaient leurs oraisons devant trois pierres noires qui se trouvaient au milieu d'une chapelle.

Nous l'avons dit, la grande préoccupation des voyageurs était toujours et partout de trouver des chrétiens. Outre les explications que nous avons données, les notions qu'ils avaient touchant ces contrées étaient si confuses qu'ils n'hésitaient jamais à se croire au milieu de populations catholiques et que les pagodes étaient invariablement prises pour des églises.

On était en train d'approprier *le San-Gabriel* quand un homme d'une quarantaine d'années vint trouver le commandant. Il parlait fort bien le vénitien, était vêtu de lin et portait à la ceinture un cimeterre. Il s'approcha des capitaines avec beaucoup de courtoisie, les embrassa, leur dit qu'il était chrétien comme eux et qu'il venait des régions du Levant. Il avait été, disait-il, amené très jeune en ce pays et y vivait sous la domination d'un souverain musulman qui avait à ses ordres quarante mille cavaliers. Extérieurement, il avait suivi le culte de son maître, mais il était chrétien de cœur. Il vivait très retiré, lorsqu'il avait appris qu'il était arrivé à Calicut des navigateurs dont personne n'entendait le langage ; il avait aussitôt soupçonné que c'étaient des Européens, et vivement désiré de pouvoir leur parler. Le gouverneur le lui avait permis et l'avait chargé de dire aux voyageurs qu'il mettait à leur disposition ce qui, dans ses États, pouvait leur convenir.

Les capitaines étaient ravis de si aimables propositions. Ils firent servir au beau parleur un repas qui acheva de lui délier la langue. Il raconta alors tant et tant de choses, il aborda tant de sujets qu'il finit par s'embrouiller. Paulo de Gama ne tarda pas à soupçonner qu'ils avaient affaire à un rusé coquin et s'en alla interroger les bateliers qui l'avaient amené. Le résultat de cette enquête fut que le soi-disant chrétien n'était autre que l'armateur juif qui était venu, naguère, attaquer la flottille et dont les navires armés attendaient, le long de la côte, le signal convenu pour commencer un nouvel assaut.

On conçoit la colère de Paulo; il fit aussitôt saisir le Juif et le fit fustiger. Ainsi mis à la question, il avoua savoir que tout le pays voulait du mal aux Européens et qu'un grand nombre de gens armés étaient cachés dans les anses, attendant le moment de les surprendre. Pour lui, il était venu afin de se rendre compte des forces dont disposaient les vaisseaux du Portugal, et il ajoutait qu'il les trouvait trop bien armés pour que personne osât venir les attaquer.

Ainsi renseignée, la flottille se tint sur la défensive et garda prisonnier l'imprudent armateur.

Celui-ci était un aventurier plutôt qu'un malfaiteur. Il fit bonne mine à mauvais jeu ; comme on le traita bien à bord, il finit par s'attacher aux aventureux navigateurs qui l'avaient si étrangement reçu, et leur rendit des services éminents pendant le reste du voyage. Sa famille était polonaise et avait habité Posen ; mais il était né à Alexandrie ; c'est là qu'il avait appris l'italien. Il avait voyagé dans l'Extrême-Orient et était attaché au service du roi musulman de la ville de Goa quand il vint se faire prendre par les vaisseaux portugais. Gama le conduisit à Lisbonne. Il devint l'interprète des expéditions qui succédèrent à celle de 1497, car il accompagna Cabral dans celle qui eut lieu en 1500.

Ce Juif embrassa plus tard le christianisme et reçut au baptême le nom de Gaspar da Gama. Ses expéditions dans l'Inde lui valurent le surnom de Gaspar da India, et le roi Emmanuel appréciait si bien ses services qu'il se l'attacha définitivement en le nommant chevalier du palais.

X

La flottille semblait devoir être désormais toute à la joie de reprendre enfin le chemin de la patrie, au bonheur d'avoir accompli la mémorable mission dont elle était chargée. Elle cingla gaîment vers l'Afrique orientale. Hélas! la joie devait être de courte durée. Arrêté par des calmes déplorables, attaqué par le scorbut, qui lui enleva plus de trente hommes, Gama eut en réalité un plus grand besoin d'énergie et d'habileté au retour qu'il ne lui en avait fallu pour atteindre les rives de l'Inde. Il n'employa pas moins de trois mois à gagner les mers qui baignent les côtes de Mozambique et, en arrivant dans ces parages, c'était tout au plus s'il restait sept ou huit hommes valides, pour faire le service à bord de chaque bâtiment. « Et encore, ajoute notre vieux chroniqueur, ne se trouvaient-ils pas sains comme ils auraient pu l'être ; d'où je puis vous assurer que si le temps où nous voguions à travers ces mers s'était prolongé de quinze jours, personne d'ici n'y eût navigué après nous. Nous étions arrivés à ce point où nous croyions tout fini ; et nous trouvant ainsi au milieu de ces misères, nous ne savions plus que faire des promesses aux saints, et nous adresser aux intercesseurs célestes pour qu'ils sauvassent nos navires.

« Les capitaines ayant tenu conseil à ce propos, il avait été résolu, dans le cas où vents pareils nous reprendraient, de retourner vers les terres de l'Inde et de nous y réfugier.

« Dieu, en sa miséricorde, voulut bien nous donner tel vent qu'au bout de six jours il nous conduisit à terre, ce dont nous nous réjouîmes comme si nous eussions gagné le Portugal, car nous y espérions, avec l'aide de Dieu, la guérison, puisque nous y avions guéri une première fois. Ce fut un mercredi, 2 février de l'an 1499.

« Mais nous demandions où le Seigneur nous avait jetés; car, de fait, il n'y avait plus là ni pilote, ni personne qui pût s'aider de la carte pour s'assurer des parages où nous nous trouvions. »

C'est en poursuivant sa route dans ces fâcheuses conditions, dont on n'a pas assez apprécié les difficultés, que Gama passa devant une cité arabe bien autrement importante à cette époque que celles qu'il avait visitées. C'étaient *Magadoxo* la *Makdachaou* d'Ibn Batoutha, la métropole des villes commerçantes de cette région, située par les 2° 1' 18" de latitude australe et 45° 19' 55" de longitude.

Les voyageurs apercevaient de loin ses édifices de pierre surmontés de terrasses, ses tours mauresques, ses quatre palais bâtis en amphithéâtre. Préoccupé des funestes souvenirs que lui avaient laissés Mozambique et Monbaze, Gama envoya en passant plusieurs coups de bombardes à la cité arabe : il avait hâte sans doute d'arriver à Mélinde. Mais si, au lieu d'agir de cette façon agressive, le hardi navigateur se fût mis en rapport avec le cheik qui commandait dans la cité, il est certain que de nombreux renseignements sur l'Afrique orientale eussent été fournis aux chrétiens en échange de leurs présents et de leurs rapports pacifiques. Il faut ajouter que l'état déplorable des équipages n'était pas de nature à engager le capitam-mór à prolonger son voyage, ni à ouvrir des relations avec Magadoxo.

Les vents, d'ailleurs, étaient favorables ; il fallait en profiter ; on marchait jour et nuit et, le 8 avril 1499, on mouilla devant Mélinde. Gama y reçut l'accueil favorable qu'il espérait. « Le roi nous envoya des moutons et fit dire au capitaine qu'il était le bienvenu, que depuis bien des jours il l'attendait et qu'il l'assurait de nouveau de son amitié. Il donna pour nos malades des oranges et d'autres fruits ; des marchands, qu'il nous avait adressés, vinrent nous vendre quantité de poules et d'œufs. Voyant que le roi était si bon en des circonstances où cela nous était si utile, le capitaine lui envoya un beau cadeau et lui fit demander une trompe d'ivoire qu'il voulait offrir au roi de Portugal. De plus, Gama lui faisait remettre un pilier de démarcation, qui devait être élevé en signe d'alliance. »

Le roi se prêta gracieusement à ses désirs et envoya à Gama un jeune homme de ses sujets qui désirait visiter le Portugal. Le Mélindien fut accueilli comme un fils et traité à bord avec beaucoup de déférence et d'affection.

Après avoir séjourné cinq jours dans le port de Mélinde et avoir ainsi resserré le lien d'amitié qui l'attachait déjà au cheik, Vasco remit à la voile ; mais il perdit encore plusieurs hommes qui succombèrent à la fatigue et surtout aux maladies.

Le 12, on passa devant Monbaze ; arrivés sur les bas-fonds appelés depuis « les Roches de Saint-Raphaël, » on mit le feu au navire qui portait ce nom, parce qu'il devenait impossible de manœuvrer trois bâtiments avec ce qui restait d'hommes valides.

Après avoir réparti le chargement de ce navire sur les deux autres et s'être procuré des rafraîchissements à une bourgade appelée Tamugata, on se remit de nouveau en route. Au bout de cinq jours de relâche, les voyageurs aperçurent tour à tour Zanzibar et les îles Saint-Georges de Mozambique ; le 3 mars, on entrait dans la baie de Saint-Braz.

La flottille se trouva dès lors dans des parages moins inconnus. Après avoir encore enduré des fortunes diverses et s'être procuré par la pêche une partie de leur nourriture, les Portugais doublèrent enfin, le 20, le cap de Bonne-Espérance. Sous cette latitude, la santé de ceux qui avaient résisté se fortifia, bien qu'ils aient eu à souffrir du froid occasionné par des bises violentes. Il est probable d'ailleurs qu'ils en furent surtout éprouvés à cause de la grande différence de température qui existe entre ces côtes et les régions chaudes qu'ils venaient de quitter.

Vingt-sept jours de vent favorable conduisirent les deux bâtiments dans le voisinage de l'île de Santiago.

Parvenus à ce point, on peut dire que l'expédition était accomplie ; un épisode fâcheux devait en marquer la fin.

Ce qui naguère était advenu à Christophe Colomb

advint à Vasco de Gama. Il fut abandonné par son compagnon de route. Néanmoins il ne paraît pas que Nicolas Coelho ait été mû en cette circonstance par le sentiment odieux qui dirigea Pinzon, puisque sa conduite ne fut pas incriminée plus tard.

Quoi qu'il en soit, à partir du 25 avril, les deux navires ne marchèrent plus de conserve. Séparés par une tempête, ils ne se rejoignirent plus. *Le Berrio* ne relâcha pas au cap Vert, comme cela avait été convenu ; peut-être fut-il obligé, par des difficultés imprévues, de passer outre les décisions prises. Il se dirigea à toutes voiles vers le port de Lisbonne, et il y entra le 14 juillet 1499.

Ce ne fut donc pas Gama qui eut la joie d'annoncer au roi Emmanuel les résultats magnifiques d'une expédition méditée depuis tant d'années. Divers historiens ont supposé que Nicolas Coelho s'était séparé du chef de l'expédition dans le but unique d'obtenir la récompense pécuniaire promise par Emmanuel à celui qui viendrait lui annoncer la découverte des Indes. La somme considérable que l'habile marin reçut plus tard du Gouvernement, à titre de rémunération pour l'ensemble de ses travaux, ne fait pas supposer que sa conduite ait été jugée déloyale.

Tandis qu'on se réjouissait à Lisbonne, Vasco de Gama était préoccupé des soins les plus douloureux. Le frère profondément aimé, dont la tendresse courageuse et l'inébranlable dévouement ne lui avaient jamais fait défaut au milieu des périls, voyait lentement s'éteindre sa vie et comprenait qu'il ne lui restait plus assez de force pour lutter, à bord de la capitane, contre les difficultés que présentait la dernière partie du voyage. Arrivé à l'île de Santiago, Gama remit le commandement de son navire à João de Sà et, frétant une caravelle fine voilière, il tenta, par une marche rapide, de faire revoir au mourant les rives tant souhaitées.

Cet espoir fut déçu. La caravelle aborda l'île Terceira du groupe des Açores, mais ce fut pour laisser dans la ville d'Angra le corps de l'infortuné Paulo de Gama. Il fut inhumé dans le couvent de San-Francisco. Après trois siècles et demi, le 28 janvier 1849, on lui a érigé un petit monument avec cette inscription :

A MEMORIA DOIRAM DE VASCO DE GAMA
O ILLUSTRE CAPITAM PAULO DE GAMA
SEPULTADO NOESTE CONVENTO
ANNO 1499. ERIGUILHE ESTA LAPIDA
O GOVERNADO CIVIL A. I. V. SANT-ARITA
EM JANIERO 28 1849.

Nul des contemporains de Paulo de Gama ne lui a refusé un souvenir de glorieuse sympathie. Dans bien des circonstances dangereuses, il avait été le bon génie de son frère, et son caractère plein de noblesse et de grandeur en fait une des plus belles physionomies de son temps.

« Cette mort fut très douloureuse au cœur de Vasco. » Il quitta bientôt Terceira et s'en vint, pour ainsi dire furtivement, à Lisbonne, dans une simple caravelle, tandis que João de Sâ ramenait son navire.

Ce fut donc dans la première quinzaine de septembre qu'il entra dans le port. Il revit avec émotion le petit ermitage de l'Ordre du Christ où il avait si religieusement prié avant de se confier aux caprices de l'Océan.

Peu de jours après, il fut salué du titre d'almirante, et des fêtes pompeuses signalèrent son retour.

Outre le titre d'amiral des Indes, on lui concéda le droit de faire précéder son nom du *Dom*, qui ne fut jamais accordé que très rarement, même aux personnages les plus marquants. De plus, Gama reçut une indemnité considérable en argent et des privilèges dans le commerce des Indes qui devaient l'enrichir

Inhumation du corps de Paulo de Gama dans le couvent de San-Francisco.

promptement. Toutefois ces preuves de munificence royale se firent quelque peu attendre; elles ne furent régularisées, par un acte public, que le 10 janvier 1502.

XI

A peine Vasco de Gama était-il revenu de son expédition qu'on songea à utiliser son importante découverte. Le roi Emmanuel fit appareiller une flotte de douze navires, et en nomma capitam-mór Pedro Alvarez Cabral. Dix de ces bâtiments avaient ordre de se rendre à Calicut; les deux autres devaient se diriger vers Sofala pour y établir des relations commerciales.

Le *Rostello* fut, cette fois encore, le témoin du départ et le roi, afin de donner plus de solennité à cette nouvelle entreprise, vint en personne remettre son étendard au capitaine général. Les Portugais savaient maintenant la route à suivre et le terme du voyage; aussi la flotte s'éloigna gaiement, confiante en son étoile.

Un incident aussi heureux qu'inattendu marqua cette navigation. Dès le 25 mars, on avait doublé le cap Vert ; mais, après quelques jours, une tempête furieuse s'éleva et jeta la flotte hors de sa route ; le 24 avril, elle voyait de nouveau la terre. Au bout de deux jours, Cabral entendait la messe sur les rives fleuries d'une terre inconnue, au milieu des chœurs formés par des tribus sauvages qui s'inclinaient devant la croix : la terre de *Santa-Cruz* était découverte ; l'immense empire du Brésil appartenait au Portugal, et, pour livrer à l'Europe cette paisible conquête, il avait suffi d'un jour ; la Providence, comme dit l'Écriture, s'était contentée d'appeler les vents.

Quel étrange contraste entre cette relâche paisible et ce que devait coûter d'efforts la conquête des Indes !

Le 2 mai, la flotte mit de nouveau à la voile pour se diriger vers le cap de Bonne-Espérance, et, après avoir subi une épouvantable tourmente, qui dispersa les navires, les voyageurs arrivèrent à Calicut, le 13 septembre 1500. Ils avaient relâché à Mozambique et à Mélinde. Les accidents de la route et les ravages causés par la tempête avaient été tels qu'il ne restait à Cabral que six bâtiments, lorsqu'il alla mouiller à une lieue de la côte indienne.

Le Samorin, mieux informé de la force des Portugais, ou désireux de mieux dissimuler ses projets

La première messe à Santa-Cruz.

de défense, accueillit les étrangers avec beaucoup d'empressement. Après quelques difficultés de détail facilement écartées, des otages furent échangés, et le rajah reçut le nouvel ambassadeur. Le souverain hindou s'était environné d'une pompe qu'il n'avait pas déployée quand Gama s'était présenté devant lui, et, de son côté, Cabral apportait des présents dont la magnificence devait plaire à l'avare rajah.

Celui-ci étalait un luxe inouï. Il était tellement couvert de pierreries que, selon l'expression d'un compagnon de Cabral, il n'y avait pas de somme au monde qui pût payer cette profusion de joyaux. Son siège était d'argent massif; les quinze ou vingt trompettes qui retentissaient autour de son palanquin étaient du même métal; trois étaient en or, et l'une de ces dernières était si lourde et si grande qu'il fallait deux hommes pour la porter. L'embouchure de ces superbes instruments était ornée de rubis.

En dépit de ces démonstrations amicales, Cabral sentit, dès l'origine, combien peu il fallait compter sur des conventions où les musulmans réussissaient toujours à se mettre en tiers. Cependant un traité fut conclu et gravé sur une lame d'airain. Mais les conventions burinées sur le bronze ont souvent moins de durée que les haines de races écrites dans les cœurs. Tant que le Samorin, impressionné par la puissance de l'artillerie européenne, fut inquiet, il temporisa et se montra bon enfant, mais lorsqu'un démêlé violent eut éclaté entre les Portugais et les Maures, il prit nettement fait et cause pour ces derniers. Les Arabes en masse allèrent par la ville, poussant contre les chrétiens de vives clameurs, et tombèrent à l'improviste sur les Portugais. Un premier combat commença sur la plage. Dès cette première échauffourée, on put remarquer cette inégalité de forces entre les combattants, qui semble être un des caractères distinctifs des guerres de l'Inde.

Après avoir résisté longtemps à la multitude armée qui se précipitait sur eux, soixante Portugais, qui s'étaient réunis, se virent contraints de chercher un refuge dans les bâtiments de la factorerie où commandait un des compagnons de Cabral, Ayrès Correa. Les Arabes commencèrent alors l'attaque de cette simple habitation, où les Portugais n'avaient pas réuni des forces bien importantes. Les assaillants étaient environ trois mille ; mais ils n'eurent pas de peine à renverser les murs d'une maison qui n'avait pas été destinée à soutenir un siège. Ayrès Correa demanda du secours à la flotte et continua une résistance généreuse. Voyant qu'il ne pouvait tenir longtemps contre cette multitude, que les renforts demandés n'arriveraient pas à temps, il prit la résolution désespérée de gagner le rivage à main armée. Les Portugais vendirent chèrement leur vie. Correa fut tué avec cinquante de ses compagnons ; une vingtaine d'hommes seulement échappèrent au massacre et purent rejoindre la flotte.

A la suite de cet événement, Cabral regarda comme rompu le traité qu'il venait de conclure avec le Samorin et s'empara aussitôt de dix vaisseaux arabes qui étaient mouillés dans le port. La population hindoue, effrayée et exaspérée, voulut réduire les Européens par la faim et refusa de leur fournir des vivres. La chair des éléphants, saisis sur les navires arabes, fut pendant plusieurs jours à peu près la seule nourriture des Portugais.

Après cette éclatante rupture, Cabral abandonna Calicut et alla demander asile au rajah de Cochin, qui le reçut avec empressement et conclut un traité de commerce ; il en fut de même à Cananor. On reprit alors le chemin du Portugal. Après avoir heureusement doublé le cap de Bonne-Espérance, s'être arrêté peu de temps à Bezenèque, non loin du cap Vert, on arriva enfin à Lisbonne, à la fin de juillet. Sur douze navires qui composaient l'expédition, Pedro Alvarez Cabral n'en ramenait que six. En revanche, il rapportait des renseignements plus précis sur ces terres jusqu'alors peu connues et revenait persuadé que la conquête commencée serait longue à achever, mais qu'elle n'était pas douteuse. Cabral avait surtout confiance en la supériorité que leur assurait leur redoutable artillerie sur les naïres, ou soldats hindous. Ceux-ci ne possédaient que quelques bouches à feu d'un maniement difficile et répondaient aux décharges de tromblons et d'escopettes par des volées de flèches dont les fils d'abordage suffisaient pour garantir les Européens.

Certes les fusils en trompettes et les lourdes carabines qui servaient alors aux Portugais et dont ils étaient si fiers nous sembleraient aujourd'hui des armes bien imparfaites; mais tout est relatif, et c'était alors ce qu'il y avait de plus précieux dans les arsenaux de l'Europe.

XII

Il restait une grande tâche à accomplir : faire respecter le nom portugais aux contrées lointaines dont Gama avait trouvé la route. A lui revenait ce périlleux honneur. Le roi Emmanuel le comprit, et c'est pour cela que, le 10 février de l'année 1502, l'amiral des Indes partait de nouveau pour Calicut, commandant une flotte de quinze navires. A la tête de ces forces navales, Vasco de Gama fit sentir la prépondérance du Portugal aux princes de la côte orientale de l'Afrique qui avaient failli l'arrêter lors de sa première expédition ; il les soumit et, en fondant les établissements de Mozambique et de Sofala, il assura le succès des flottes qui devaient le remplacer dans ces mers.

On ne peut que louer ces actes de haute prévision, et l'on regrette qu'à cette même époque une action cruelle, inexcusée et inexpliquée, soit venue marquer d'une tache sanglante le nom de Gama. Mais avant de condamner l'illustre navigateur, il faut se souvenir de ce qu'était les mœurs barbares qui régnaient alors sur l'Océan. Il n'y n'avait sur les flots aucune sécurité pour les navigateurs.

L'anarchie sur toutes les mers était complète et permanente. Qu'ils y fussent ou non officiellement autorisés, les navires marchands ne manquaient jamais les occasions de se faire la chasse, et comme les gouvernements ne pouvaient rester indifférents à ces querelles privées, au-dessus de la guerre des particuliers il y avait la guerre des États.

« Ceux-ci, à la vérité, ne se bornèrent pas à faire la police de l'Océan pour protéger leur nationaux : ils avaient une autre ambition qui était de conquérir, chacun pour soi, tous ou partie du vaste empire des mers. Et cet empire des mers n'était pas un vain mot, comme aujourd'hui, ni une figure, ni une image, car ceux qui avaient eu l'audace ou la force de ceindre leur front de la couronne maritime entendaient bien être les souverains maîtres et faire la loi dans le domaine du vieux Neptune, comme tout monarque en ses États.

« Venise, la première, avait prétendu régner dans la Méditerranée, ayant reçu d'un pape ce beau royaume. Alexandre III lui avait dit, au XIIe siècle, en remettant à son doge un précieux anneau : « Epouse la mer avec cet anneau, et qu'elle te soit soumise comme l'épouse l'est à son époux[1]. »

La fière République avait accepté cette souveraineté. Plus tard, ainsi que nous l'avons raconté, Eugène IV avait partagé l'Océan entre les marins espagnols et les Portugais et assuré à ces derniers la possession tranquille des pays de l'Inde qu'ils avaient découverts. Mais la bulle du pontife, dont l'objet avait été de pacifier la mer, devait être oubliée bien souvent. L'empire de l'Océan, pareil à tous les autres, devait avoir ses tyrans, ses conquérants et ses guerres. Au lieu de rapports pacifiques, il y avait entre toutes les nations maritimes une rivalité souvent déloyale, une sorte de concurrence armée.

« Tout navigateur était pour les autres un rival, et tout rival un ennemi. Pour faire ces fameuses conquêtes maritimes que nous ne connaissons plus, tous les moyens paraissaient bons, et l'on se disputait avec acharnement les routes commerciales, qu'on érigeait fastueusement en empire privé et fermé, quand on s'en était emparé. Rien ne ressemble moins à la grande plaine liquide où s'entrecroisent à l'heure

[1] Antoine Redier.

actuelle des milliers de marchands, que cet orageux et turbulent domaine, dont nos ancêtres s'arrachaient les lambeaux. »

On livrait donc ces fameuses batailles pour conquérir les routes de l'Océan, pour écraser des marchands rivaux ; de là l'habitude que prirent bien vite les marins de commerce, de ne pas s'aventurer seuls sur l'Océan, mais de se réunir en convoi nombreux et puissamment armés auxquels on joignait d'ordinaire quelques vaisseaux de guerre. La rencontre des deux flottes ennemies provoquait d'effroyables combats qui donnaient au vainqueur un prestige dont il tirait parti pour terroriser les marins qui eussent voulu s'aventurer dans ces mêmes parages et devenir aux yeux de tous, le *Roi de la mer*. Ce que les belligérants cherchaient surtout, c'était de conquérir la toute puissante suprématie maritime.

Ces quelques explications sont nécessaires pour expliquer ce qui en diverses circonstances peut paraître inexplicable dans la conduite de Gama. Et d'ailleurs sans vouloir excuser ce qui est mal nous nous demandons si les vieilles mœurs si spéciales, et qui paraissent si étranges et parfois si cruelles, le sont beaucoup plus que celles qui semblent naître aujourd'hui de l'emploi de certains navires, nous voulons parler surtout des torpilleurs submersibles ou sous-marins.

« Imagine-t-on, s'écrie l'auteur que nous avons cité, un plus sinistre cauchemar que la vision de ces hommes, entraînés par centaines dans le tourbillon d'un navire qui s'engouffre. Il y a vraiment, en fait de cruauté, des limites qu'on n'a pas le droit de dépasser... Le sous-marin est une arme cachée et, par le fait, peu loyale. Les anciens preux qui se battaient tous les jours, avaient de la guerre une conception parfaitement noble. Ils n'admettaient pas qu'on frappât de dos l'adversaire, et ils avaient raison. Pourquoi serions-nous, après tant de siècles, moins civilisés que ces preux? Nous nous proposons d'attaquer l'ennemi non seulement par derrière, mais ce qui pis est par dessous et sans qu'il lui soit possible de se défendre ni même de se reconnaître. Un coup sera traîtreusement porté, et, sans lutte, sans rien qui rappelle le vieux tournoi dont toute guerre devrait procéder, le drame sera consommé. L'arme nouvelle ne sera pas une épée flamboyante, mais une faulx silencieuse, comme celle dont la triste mort doit, au jour marqué, nous frapper tous. »

Et cependant qui voudrait condamner absolument le torpilleur? Est-ce que la guerre la plus savante n'est pas faite de perfidie, de ruse et de surprise? Et si l'on accepte sans frémir qu'un navire puisse couler à pic sous le choc d'un éperon, d'une torpille ou d'un obus, a-t-on le droit de s'insurger contre un engin nouveau, d'allure mystérieuse et de conception bizarre?

Où finit le droit des gens; où commence le droit de la guerre? Question épineuse dont il est difficile de juger les diverses applications qui en ont été faites par les héros de la guerre. Pour Gama, comme pour bien d'autres, on se demandera toujours quelles furent les raisons qui dictèrent sa conduite, à quelle nécessité il fut contraint d'obéir. Si une arme nouvelle à soulevé tant d'admiration d'une part, tant de réclamation de l'autre, pouvons-nous sans témérité juger d'une tactique militaire où d'un acte de représailles dont nous ignorons les véritables motifs?

On a dit du torpilleur, « il est barbare, il est perfide, il est aveugle », et cependant « ni les jurisconsultes, ni même les hommes d'état, ne sauraient, avec quelque raison, s'insurger contre la merveilleuse invention dont les ingénieurs français viennent de doter leur pays. Au contraire, le caractère nettement décisif de l'arme nouvelle est un motif pour les uns et pour les autres non seulement d'en accepter désormais l'intervention dans les luttes navales, mais, nous allons plus loin, de la célébrer à l'égal d'un grand progrès.

« Les boucliers du vieux temps, les fossés de la féodalité, les ceintures de fer dont on use de nos jours sur les navires n'ont jamais été considérés par personne comme des objets suspects au point de vue moral. Le droit de se défendre est, en effet, sacré pour les nations, comme pour les individus. On peut même pousser l'exercice de ce droit jusqu'aux plus extrêmes conséquences, et toutes les inventions, dans un tel ordre d'idées, non seulement méritent d'être encouragées, mais l'ont été de tout temps par les diplomates, les jurisconsultes, les amis de l'humanité.

« Malheureusement, ce principe contre lequel nul ne s'élèvera jamais, en entraine un autre qu'on voudrait pouvoir rejeter.

« Tant qu'un homme aura la faculté de construire à son gré des plaques d'acier pour s'abriter, les autres hommes voudront qu'en échange on leur permette d'imaginer des balles ou des obus capables de traverser ces plaques d'acier. Ceci est une loi contre laquelle on ne peut rien, parce qu'elle est essentiellement humaine. Ainsi le droit de perfectionner les moyens de défense entraîne fatalement celui de perfectionner les armes offensives.

« Dépouiller les peuples de ce dernier droit, alors qu'on est tenu de leur laisser le premier, qui est sacré, serait leur commander de renoncer purement à la guerre. Or, là dessus, il est très inutile qu'on se berce d'illusions. Les peuples n'abandonneront jamais l'usage de la force s'ils n'y sont contraints par la force même[1] »

Et qui sait si cette force qui les contraindra à la paix ne sera pas précisément un engin extraordinaire faisant peur aux hommes qui, d'effroi, renonceraient à la guerre? Or pour la mer, cette arme parfaite ne l'a-t-on pas trouvée peut-être en trouvant le torpilleur? Quoi qu'il en soit, rien de semblable n'existait du temps de Gama, on se défendait, comme on pouvait, avec des armes bien primitives; comme on pouvait aussi, on se garait de l'ennemi par la ruse ou par l'attaque et il est bien difficile de juger à la distance de l'espace

---

[1] Antoine Redier.

et du temps, si les moyens employés étaient, ou non, toujours loyaux.

L'acte, qui a soulevé contre Gama de si violents reproches est bien connu.

Un vaisseau, chargé de richesses immenses et appartenant au soudan d'Égypte, fut impitoyablement livré aux flammes par son ordre. Ceux qui le montaient périrent tous, sauf les enfants, que le capitaine fit sauver. Le *Merii* revenait de la Mecque ; il portait des musulmans appartenant aux régions les plus diverses de l'Asie. La vieille haine des Portugais les confondit sous le nom de Maures, et ces prétendus Maures durent périr dans des supplices épouvantables pour demeurer en exemple aux princes de l'Orient. Il faut aussi se souvenir qu'à cette époque on voulait à tout prix et par tous les moyens chasser des eaux indiennes les navigateurs arabes. Cet événement funeste eut lieu le 3 octobre 1502.

Les enfants recueillis par l'équipage portugais furent soignés avec la pitié affectueuse qu'inspirait leur malheur. On les fit bien élever, et ils devinrent plus tard des soldats chrétiens, qui servirent avec fidélité sur les bâtiments de l'État.

L'amiral ne se rendit pas à Calicut, comme il en

avait eu d'abord l'intention. Il modifia ses plans et alla débarquer à Cananor, dans le port d'un royaume voisin. Là régnait un rajah dont Gama sut déjouer les ruses et qu'il traita sur le pied d'une égalité parfaite. En étalant à ses yeux une magnificence toute guerrière, il sut effacer la fâcheuse impression causée sur ces populations asiatiques par le caractère si simple de son premier voyage. Établi sur ce point de la côte, il prépara avec sang-froid l'expédition qu'il méditait contre Calicut. Ce n'était pas seulement de sa conduite arrogante et de sa mauvaise foi que Vasco avait à demander compte au rajah de cette cité orientale ; la mort de Correa, le facteur des Portugais, assassiné avec ses compagnons au mépris des traités, lui donnait le droit d'exiger le prix du sang. Bientôt sa flotte parut devant le port du Samorin, et la représaille fut terrible. En vain celui-ci, allègue-t-il l'incendie du *Merii*, où tant de victimes innocentes ont succombé, comme étant une compensation suffisante dès qu'il s'agit d'expier le meurtre des Portugais ; la ville est impitoyablement canonnée durant trois jours, et des détails navrants, ajoutés aux ordres de Gama, achèvent de jeter l'épouvante parmi les populations hindoues.

Bombardement de Calicut.

Les musulmans peuvent alors se convaincre que leur ascendant sur le faible monarque leur échappe.

L'amiral, dédaignant l'offre tardive que lui fait le Samorin d'un établissement commercial permanent dans cette ville opulente, fait incendier une partie du port, que les musulmans n'avaient pas su défendre et d'où la population affolée s'est enfuie.

Il y eut alors une sorte de modération chez le vainqueur. Les Maures, jadis si arrogants, laissaient dans un complet abandon les points commis à leur garde ; la ville pouvait être enlevée par un coup de main. Gama dédaigna cette riche capture, abandonnant le rajah à un repentir qui commençait sur le trône pour se continuer sous les habits de pénitent. Obligé de se démettre de l'autorité, le souverain de Calicut termina sa vie dans les pratiques extravagantes auxquelles se livrent les ascètes hindous que l'on désigne sous le nom de *bramatchari*.

Après avoir laissé sur la côte quelques navires pour continuer le blocus de Calicut, Gama se dirigea vers le royaume de Cochin, dont le souverain avait jeté les bases d'un traité d'alliance qui fut renouvelé.

L'amiral trouva dans le rajah un allié sincère, et la conduite de Vasco à son égard prouve ce qu'il eût été avec les autres souverains hindous, si ceux-ci eussent osé mettre dans leurs transactions la loyale confiance qui distingua ce prince. Celui-ci, frappé des immenses avantages commerciaux que le séjour des étrangers pouvait procurer à son pays, fasciné par leur ardente bravoure, s'abandonna à une confiance qu'on ne pouvait guère ni espérer ni exiger des autres rajahs. Non seulement il conclut avec les Européens des traités politiques et commerciaux, mais il se livra en quelque sorte à la discrétion de Gama. Il eut avec lui plusieurs entrevues durant lesquelles il éloigna les hommes de sa suite et mit de côté toute espèce de pompe royale. Il est probable que cet excès de confiance blessa au plus haut degré les principes religieux des autres rajahs, car, quand ils s'unirent au Samorin pour faire la guerre à cet ami des étrangers, ils invoquèrent contre lui les exigences de la loi brahmanique.

Quoi qu'il en soit, en mettant en jeu l'ambition du rajah de Cochin, qui espérait voir passer entre ses mains le commerce et la puissance des Samorins, Vasco fit preuve d'une grande habileté. Dès lors pouvaient commencer les grandes opérations commerciales. Gama, songeant à revenir en Europe, laissa le commandement à Vincente Sodré, et, le 20 décembre 1503, il rentra dans le port de Lisbonne avec sa flotte presque entière ; un seul des vaisseaux avait été perdu.

Cette fois, lorsque l'amiral des Indes se présenta devant Emmanuel, il put lui donner l'assurance que désormais la prépondérance des Portugais dans la plupart des ports de l'Orient était un fait accompli. A l'exception d'un rajah, qu'on pouvait regarder comme un allié fidèle, les monarques hindous étaient restés frappés de terreur, et les marchands arabes reconnaissaient leur insuffisance lorsqu'il s'agissait de lutter avec les chrétiens. Les petits souverains du littoral avaient compris ce qu'ils pouvaient ravir de richesses à l'empire du Samorin, en profitant uniquement des transactions commerciales que leur offraient les étrangers. Jusqu'alors chaque *bahar* de poivre avait coûté le sang de plusieurs hommes ; une expédition vigoureuse pouvait faire cesser tout à coup cet état de choses, et la ruine de Venise était probable.

Gama rapportait à Lisbonne, d'après l'estimation des grands négociants italiens, de 32 à 35.000 quintaux d'épices, et la valeur totale du chargement était évaluée à 1 million en or. A l'arrivée de la flotte, le prix du poivre diminua de moitié et, malgré cela, Francesco Affaitato, qui en avait fait acheter aux Indes pour 2.000 ducats, estimait encore à 5.000 ducats la valeur de sa marchandise.

Cette fois-ci, ce fut le roi qui eut la part du lion. Indépendamment des droits de douane que le voyageur devait payer, droits qui absorbaient un quart de la marchandise, il avait accaparé pour lui seul tout le commerce des perles, des pierres précieuses et des autres articles de luxe. Il n'y avait que le commerce des épices qui fût laissé relativement libre : les marchands frétaient les navires à leurs frais, payaient la solde de l'équipage, pourvoyaient à son entretien, etc.; de plus, la moitié des denrées qu'ils achetaient revenait encore au souverain. En outre, ils avaient à solder les droits de douane dont nous venons de parler, de sorte que, tous frais payés, il ne leur restait pas beaucoup plus du tiers de leurs achats. Ce ne fut que l'année suivante que ce procédé fut modifié en faveur des négociants.

L'ensemble des frais de l'entreprise n'était estimé par Francesco Affaitato qu'à 200.000 ducats ; il restait donc à la couronne un bénéfice excessivement élevé. Ce résultat doit être attribué à ce que

Gama, en revenant de Sofala, avait échangé des marchandises contre de l'or et que, lors du pillage du *Merii*, il avait trouvé sur le navire un si riche butin en or et en pierres précieuses qu'il avait pu payer en espèces tous ses achats. Car son second voyage avait confirmé l'opinion qu'il s'était faite lors du premier, c'est que les produits européens n'étaient guère vendables en Orient. On doit encore à Gama d'avoir réussi à mettre un frein à la rapacité des marchands arabes qui, n'ayant jusqu'alors pas de concurrence à redouter, vendaient à des prix excessifs. João de Nava avait encore payé le *cantar* de poivre 3 ducats et demi; Gama l'obtint à moins de 3 ducats. Il n'en réalisa pas moins un énorme bénéfice, et l'on estime à 35.000 ducats le profit qu'il tira de cette vente.

Indépendamment de ces questions d'ordre purement matériel et qui promettaient les richesses de la terre, Gama put encore faire espérer au roi et à ses religieux compatriotes, des conquêtes spirituelles. On sait enfin à quoi s'en tenir sur les chrétiens de l'Inde : les voyageurs, revenus de leur erreur au sujet des Hindous et de leur culte, ont par compensation découvert, à Cochin même, des chrétiens, réels cette fois, qui vinrent offrir à l'amiral portugais un tribut de respectueux hommages. Rome, après des siècles d'oubli, allait retrouver ses enfants égarés.

Ce n'est pas tout : un troisième navire devait hiverner sur les côtes de l'Arabie, toujours prêt à secourir les Portugais laissés par Gama dans le Malabar. L'amiral voulait ainsi assurer ses conquêtes.

Tout cela était grand, et tout cela ne semble pas avoir été suffisamment apprécié à la cour d'Emmanuel. En tous cas, il est surprenant que ce ne soit pas Vasco de Gama qui ait été chargé de commander l'expédition suivante dont dépendait, pour ainsi dire, tout l'avenir de l'Inde portugaise. Qui amena cet oubli apparent? Quelles furent les causes de cette espèce de disgrâce? C'est un des problèmes que l'histoire nous laisse à deviner. Ce qu'il y a de certain, c'est que, pendant plus de vingt ans, l'amiral des mers de l'Inde restera dans le silence. Il faudra un autre règne pour réparer cette injustice.

De 1500 à 1504, les flottes envoyées aux Indes étaient composées de vaisseaux marchands ; à l'origine on n'avait pas en vue de conquête par les armes ; on pensait simplement s'emparer du commerce des produits indiens. Aussi, pendant les premières années, on se contenta d'établir des factoreries dans les villes de Cochin, Canonor et Coulão, et de placer les Portugais qui restaient dans ces pays lointains, sous la protection des rajahs amis. Mais l'état de guerre continuel dans lequel se trouvaient les Portugais, vis-à-vis du puissant seigneur de la côte de Malabar, le nouveau Samorin de Calicut, ne resta pas sans influence sur leurs alliés.

Le Samorin ne pouvant pas obtenir du prince de Cochin l'extradition ou l'assassinat des Portugais laissés dans cette ville par Vasco de Gama, ni la rupture des traités commerciaux conclus avec les étrangers, déclara la guerre à ce prince, immédiatement après le départ de l'escadre de l'amiral. Il l'attaqua avec des forces considérables, lui enleva sa ville et son territoire et l'obligea à se retirer dans sa forteresse de Vaipim avec une petite troupe de fidèles sujets. Ce n'est qu'à l'arrivée des deux Albuquerque, qu'il fut tiré de sa périlleuse situation.

A la suite de ces événements fut élevée, sur le territoire indien, la première forteresse portugaise, pour la protection de la factorerie de Cochin. Mais à peine les Albuquerque avaient-ils quitté les Indes, que le Samorin reprit les armes contre la ville de Cochin, à qui il ne pouvait pardonner d'être l'alliée du Portugal. Seul, le courage héroïque de dòm Pacheco et de sa troupe empêcha la prise de la ville.

Les forces du roi de Cochin ne s'élevaient guère qu'à trente mille hommes, sur le courage desquels il eût été imprudent de compter. Edouard Pacheco n'avait sous ses ordres que huit à neuf cents Portugais au commencement de la campagne. Ce fut avec cette poignée de braves, auxquels il faut joindre trois cents Hindous, que Pacheco alla attendre le Samorin avant qu'il fût sous les murs de Cochin. Les auxiliaires, sur lesquels d'ailleurs on avait peu compté, s'enfuirent honteusement; les Portugais suffirent pour vaincre l'armée du Samorin, qui s'élevait à près de cinquante mille hommes, et ce ne fut qu'après avoir fait subir aux assaillants de terribles pertes qu'ils rentrèrent dans Cochin.

Les plans des antiques forteresses de l'Inde prouvent que les Portugais avaient choisi avec une rare perspicacité le point stratégique d'où ils résistèrent aux rajahs ennemis. La ville est bâtie sur une presqu'île, et des bancs mobiles de sable, qui interrompent la barre, donnent une réelle sécurité à ceux qui se renferment dans l'enceinte de Cochin. Grâce à cette disposition des lieux et à une intrépidité dont il n'y a peut-être pas un second exemple, Pacheco remporta successivement plusieurs avantages qui réduisirent peu à peu l'armée ennemie.

« Au bruit de ces exploits, le Gange et l'Indus frémiront dans leurs roseaux. Pour effacer sa honte le Samorin réunira de nouvelles armées : des montagnes Narsingue les rois de Tamor et de Misapour descendront pour se ranger sous ses étendards ; mille peuples redoutables s'uniront avec lui. Le victorieux Edouard se verra assailli à la fois sur mer par les Agaréniens et sur terre par les adorateurs des idoles. Il triomphera également et sur terre et sur mer : ses exploits inspireront aux infidèles autant d'admiration que d'effroi. En vain le superbe descendant des Périmal implorera ses dieux, en vain il couvrira de reproches et et d'injures ses soldats et ses esclaves épouvantés. Les défaites ne refroidiront pas sa fureur ; il accourera lui-même sur le champ de bataille pour animer ses soldats par sa présence et le sang de ses guerriers rejaillira sur sa face. Ni la ruse, ni la force, ni les poisons mortels, ni les redoutables enchantements ne pourront le secourir. Ses cités seront prises et rasées, ses châteaux emportés et réduits en cendres.

« Pour incendier la flotte de son vainqueur, il fera

flotter des montagnes enflammées sur la plaine liquide, Edouard Pachéco se rira de tout cet appareil : ces formidables machines crouleront devant lui, et leurs débris dispersés seront le jouet des flots. »

La bravoure de Pachéco avait en effet réalisé des merveilles et la puissance effective du Samorin ne s'élevait plus qu'à 30.000 hommes. Pacheco résolut d'anéantir, avec ses neufs cents Portugais, ce reste d'une armée formidable. Avec une prudence singulière et une sûreté de coup d'œil admirable, il réussit d'abord à tenir en échec, puis à vaincre complètement, les troupes ennemies.

On croit lire la description des combinaisons stratégiques de Pacheco dans ces vers que le vieux Corneille met dans la bouche du *Cid* :

> Cette obscure clarté qui tombe des étoiles
> Enfin avec le flux nous fit voir trente voiles ;
> L'onde s'enfle dessous, et d'un commun effort
> Les Maures et la mer montent jusques au port.
> On les laisse passer ; tout leur paraît tranquille ;
> Point de soldats au port, point aux murs de la ville.
> Notre profond silence abusant leurs esprits,
> Ils n'osent plus douter de nous avoir surpris ;
> Ils abordent sans peur, ils ancrent, ils descendent,
> Et courent se livrer aux mains qui les attendent.

> Nous nous levons alors, et tous en même temps
> Poussons jusques au ciel mille cris éclatants.
> Les nôtres au signal de nos vaisseaux répondent ;
> Ils paraissent armés ; les Maures se confondent ;
> L'épouvante les prend à demi descendus ;
> Avant que de combattre ils s'estiment perdus.
> Ils couraient au pillage, et rencontrent la guerre ;
> Nous les pressons sur l'eau, nous les pressons sur terre
> Et nous faisons courir des ruisseaux de leur sang,
> Avant qu'aucun résiste ou reprenne son rang...

Dix-huit mille hommes avaient encore péri.

Le nom de Pacheco est resté célèbre par les sept batailles gagnées sur les armées du Samorin. A son retour de l'Inde, d'où il ne rapportait que la gloire et une honorable pauvreté, il fut reçu par Emmanuel avec une pompe vraiment royale. De plus, pour reconnaître ses services, le roi le nomma gouverneur de Saint-Georges de la Mine, sur la côte d'Afrique. Calomnié dans son administration, il fut ramené en Portugal, chargé de fers et mourut, indigent, à l'hôpital de Valence.

Camoëns, le grand poète, a résumé en deux lignes les prodigieuses victoires de Pacheco : « Grâce à lui, dit-il, les hauts faits des Portugais surpassèrent en réalité ce qu'avait inventé la fable. »

XIII

Au mois de septembre suivant, Lopa Soarez reprit l'offensive, incendia Cranganor et Panay; mais ce furent là des violences inutiles. Quant, au changement des moussons, la flotte repartit, toutes les conquêtes précédentes furent remises en question sans que, pendant plus de six mois, aucun secours pût arriver de la métropole.

Pendant ce temps, le peuple hindou s'agitait, le Samorin conspirait, les musulmans intriguaient. De tous côtés les vieilles haines se réveillaient, et le nombre des ennemis allait croissant.

Il ne faut pas oublier que l'expédition de Gama avait changé le commerce du monde; les Vénitiens, qui jusqu'alors avaient, presque seuls, tiré d'Alexandrie, et revendu à l'Europe les denrées de l'Orient et du Midi, avaient vu avec peine les succès croissants des Portugais. Tous les moyens leur parurent bons pour arrêter le développement de cette redoutable concurrence. Ils parvinrent aisément à faire entrer dans leurs secrètes intrigues le soudan d'Égypte, qui se ligua contre leurs rivaux avec les rois de Calicut et de Cambaye, et une attaque partant de la mer Rouge devait tôt ou tard se produire. Dans cette circonstance critique, le roi Emmanuel envoya aux Indes une armada de plus de vingt navires avec quinze cents hommes d'élite, sous le commandement de Francesco d'Alméida, auquel fut conféré le titre de vice-roi avec des pouvoirs souverains. Il partit accompagné de son fils Lorenzo.

De cette flotte imposante douze vaisseaux seulement devaient revenir en Portugal avec des chargements; les autres étaient destinés à former une flotte stationnaire, dont le service aux Indes devait être de trois ans. Le vice-roi, les troupes et leurs chefs, et en général tous les employés portugais devaient y séjourner pendant ce laps de temps.

Dès lors des forteresses furent construites sur les points principaux de la côte africaine et de la côte indienne, des flottes nombreuses partirent chaque année pour l'Orient. Dans l'océan Indien et sur la côte sud d'Arabie, les voiliers portugais croisaient sans cesse, pourchassant la marine barbaresque et poursuivant sans relâche la guerre avec le Samorin. Toujours menacés par ces terribles ennemis, les marchands mahométans venus de Malacca n'osaient plus suivre le chemin le long des côtes, mais se frayaient furtivement une voie à travers les Maldives et au sud de Ceylan.

Le vice-roi avait su faire sentir la pesanteur de son bras aux princes du littoral qui s'étaient mis en travers de ses projets. Il s'était emparé de Quiloa et avait brûlé Monbaze avant d'aborder à Cananor. Les Orientaux commençaient à comprendre qu'il ne s'agissait plus seulement de commerce, mais de guerre et de conquêtes.

Déjà, en effet, les Portugais convoitaient Ormuz, l'une des places les plus importantes du commerce indien. Pour réaliser ce projet, Alphonse d'Albuquerque qui, lors de sa première apparition en Orient, avait, de son regard d'aigle, mesuré les pays qu'il devait conquérir, fut une seconde fois envoyé dans les Indes par le roi Emmanuel.

Ce fut vers la fin de l'année 1507 qu'il se présenta devant Ormuz avec une flotte de sept voiles, montée par quatre cent soixante matelots et soldats. Ces moyens étaient bien faibles pour réduire une ville aussi peuplée et aussi puissante qu'Ormuz; mais l'homme extraordinaire qui commandait l'expédition suppléa à tout. Seïfeddin, le roi d'Ormuz, avait fait armer en guerre soixante vaisseaux qui étaient dans le port.

Albuquerque, craignant que l'ennemi ne reçoive encore des renforts nouveaux, se décide à livrer combat. Les capitaines portugais, effrayés des préparatifs de l'ennemi, étaient très opposés à cette résolution. Albuquerque, les ayant fait réunir, les consulta, non pour savoir s'il était convenable d'attaquer, mais comment on devait attaquer. « Pour moi, leur dit-il ensuite, je ne suis pas homme à terminer une affaire aussi importante que celle-ci avec des tergiversations et des grands mots ; mais je veux, comme chevalier et comme capitaine, exécuter les ordres qui m'ont été donnés par le roi mon maître. Ainsi la fortune pourra incliner du côté où elle voudra, j'espère, moi, par la Passion de Notre-Seigneur Jésus-Christ, dans laquelle je mets toute ma confiance, que je casserai la tête à ces musulmans, que je rendrai leur roi tributaire de mon roi, ou bien ils porteront ma tête en trophée dans leurs mains. Voilà la meilleure et la plus salutaire résolution que nous puissions prendre dans les conjonctures présentes ; nous sommes dans une position à ne pouvoir faire autrement. Que chacun de vous regagne donc son vaisseau et dispose tout pour le combat. Au premier coup de bombarde, soyez prêts à agir et faites ce que vous me verrez faire. »

Les Portugais firent des prodiges de valeur, et leur victoire fut complète.

Le soleil était déjà couché quand le roi d'Ormuz, voyant sa flotte détruite et une partie de sa capitale réduite en cendres, envoya un parlementaire pour traiter de la paix. Albuquerque fit d'abord remonter sur ses vaisseaux les matelots et les soldats qui se battaient encore sur le rivage et qui, excédés de faim et de fatigue, auraient pu succomber sous le nombre, car le combat durait depuis le matin, et personne, du côté des Portugais, n'avait pris de nourriture de tout le jour.

Il s'occupa ensuite de régler les conditions de la paix et de faire élever une citadelle qui garantit au roi de Portugal la possession de l'île. Les travaux, quoique poussés avec une rapidité extraordinaire, furent cependant exécutés avec la solidité qui distingue les constructions des Portugais. Albuquerque nomma cette citadelle Notre-Dame de la Victoire.

Cette brillante journée eût suffi à établir la réputation du grand capitaine.

Tandis qu'il était occupé à assurer l'avenir de la

place conquise, le vice-roi Alméida, de son côté, disposait tout pour la destruction de la ligue redoutable formée contre les Portugais.

En l'année 1508, la flotte du sultan du Caire, annoncée depuis longtemps, apparut enfin dans les eaux indiennes. Elle n'était forte que de six vaisseaux et d'autant de galères avec quinze cents hommes de troupes. C'est alors que dom Lorenzo, à la tête d'une faible escadre, osa livrer bataille aux flottes réunies des Guzarates et des Égyptiens. Il fit des prodiges de valeur, mais il fut vaincu par le nombre et mourut en héros.

« C'est là, s'écrie le poète, c'est de là que l'intrépide Lorenzo trouvera le terme fatal de sa vie et de ses exploits, cerné par les innombrables soldats d'Égypte et de Cambaye, trahi par les vents, accablé des fureurs de la mer, il se montre plus grand que les malheurs qui l'écrasent. Héros antiques, quittez les sombres demeures des mânes, et venez admirer le sublime courage du jeune Alméida. Vous verrez un nouveau Scéva qui, tout couvert de sang, tout déchiré de blessures, renonce même à se rendre et à se laisser arracher la victoire. Un boulet de canon lui enlève la cuisse: il lui reste son cœur et son bras; il combat encore et, quoique mutilé, paraît aussi redoutable que s'il n'avait rien perdu de lui-même. Son affaiblissement redouble son audace; maître de sa douleur et dominant le sort ennemi, il fait craindre aux plus téméraires de l'approcher jusqu'à ce qu'enfin un second coup aussi terrible que le premier, brise les liens de cette âme héroïque et lui ouvre les portes de l'Olympe. »

Alméida ne tarda pas à venger la mort de son fils et l'honneur des armes portugaises. Le 2 février 1509, il attaqua séparément les deux flottes et, sous les murs de Diu, remporta une victoire aussi glorieuse que complète.

Ce fut le dernier coup d'éclat du vieux loup de mer. Il revenait dans sa patrie, couvert de gloire, lorsque, ayant pris terre aux environs de la baie de Saldagne, près du cap de Bonne-Espérance, il périt misérablement dans une querelle qui s'était élevée entre les indigènes et les gens de son équipage.

Alphonse Albuquerque lui succéda comme capitaine général et vice-roi.

Avec ce nouveau gouverneur, l'histoire de l'Inde portugaise entra dans une phase nouvelle.

Albuquerque est le plus grand homme que le Portugal ait eu dans les Indes. Alméida ne s'était appliqué, pendant ses trois années de gouvernement, qu'à protéger, par la destruction des flottes musulmanes, le commerce naissant des Portugais. Albuquerque, portant ses vues beaucoup plus loin, résolut de fonder un empire qui s'étendrait du golfe Persique à la Chersonèse d'or des anciens, et dont Goa serait la place d'armes et la capitale. Sa politique différait donc essentiellement de celle d'Alméida. Celui-ci pensait que l'occupation des villes disséminées sur la côte serait une chose dangereuse, en ce qu'elle affaiblirait les forces des Portugais en les divisant. Dans son opinion, celui qui serait le maître de la mer serait aussi le maître de l'Inde. C'est d'après ce principe que sa conduite fut constamment dirigée. Une station pour ses vaisseaux, un port commode et sûr, lui semblait le seul établissement nécessaire ; il n'en forma jamais d'autres, car il jugeait impossible que le Portugal pût envoyer chaque année des renforts assez considérables pour occuper de nombreuses citadelles ou pour en renouveler les garnisons. Il croyait qu'un système contraire aurait pour résultat de livrer à l'ennemi les mêmes armées qui, réunies, sauraient toujours le vaincre ou le tenir en respect. Mais Albuquerque, plein de cette confiance qu'un esprit supérieur puise ordinairement dans le sentiment de ses forces, embrassait à la fois, dans sa vaste conception, et la sûreté présente des établissements portugais et leur grandeur future. Il ne s'agissait pas pour lui d'importer en Europe une plus ou moins grande quantité de poivre. C'est un empire qu'il cherchait à créer; et plus il voyait de difficultés, en raison de l'extrême éloignement, à obtenir des secours du Portugal, plus il s'attachait à couvrir de colonies la côte de l'Inde, à en former des pépinières de soldats qui pussent, sur les lieux mêmes, fournir des recrues à ses armées. Il représentait aux adversaires de son plan, que la mer n'appartiendrait d'une manière durable qu'à celui qui aurait su prendre son point d'appui sur la terre ferme; que la flotte la plus formidable pouvait être détruite par une tempête, et que, dans un pareil malheur, la terre offrait aisément les moyens de réparer les vaisseaux et de reprendre l'empire de la mer; que la navigation serait d'autant moins périlleuse que les vaisseaux trouveraient sur la côte plus de stations et d'asiles. Il pensait que, si l'on voulait donner à la possession de l'Inde une assise durable, il fallait bâtir une ville qui réunît à une grande population de grands moyens d'attaque et de défense.

On le voit, ce que cherchait Albuquerque, c'était

la colonisation dans toute son étendue, l'union des Portugais avec les populations indigènes, la fondation d'un nouvel État indo-portugais, vivant de sa vie propre, n'étant pas obligé d'avoir toujours recours à la métropole, ayant son armée et ses flottes.

Certes, le but était audacieux, et l'on se demande si Vasco de Gama lui-même eût osé rêver une si vaste entreprise et si, laissé inactif dans la mère-patrie, il ne suivait pas de loin, anxieux et ébloui, les résultats de son glorieux voyage.

Albuquerque, sans doute, dans la conception de son plan, exagérait les forces de son petit pays, mais on ne peut méconnaître l'imposante grandeur de sa pensée, son génie dans le choix des moyens, son infatigable activité dans la poursuite du grand but qu'il veut atteindre.

Un des premiers résultats de son audacieuse politique fut la prise de Goa, en quelque sorte sans coup férir. Le siège de Malacca, au contraire, exigea une remarquable audace. En cette circonstance, le génie cruel et astucieux des Malais se manifesta avec toute sa ruse énergique. Albuquerque connaissait bien ce peuple « obstiné, courageux, fort, superbe et surtout grand menteur et larron ». Il résolut donc de les frapper de terreur par une résolution vigoureuse. L'attaque commença au matin de la Saint-Jacques et dura tout le jour. A midi, le palais du prince était déjà en flammes et un point important enlevé d'assaut. Mais quand la nuit commença à descendre, plusieurs Portugais furent frappés de flèches empoisonnées. Les Malais ne s'en tinrent pas à l'usage de ces armes terribles, toute la plage fut hérissée de pieux aigus, trempés également dans le poison ; la prise définitive de la ville allait offrir plus de difficultés qu'on ne l'avait prévu.

Une jonque portugaise, soigneusement armée, appelée par les ordres d'Albuquerque, se présenta à l'embouchure du fleuve, mais tenta vainement de franchir le banc de sable qui s'opposait à son passage. La situation devenait critique ; enfin, la marée grossit, les navires purent avancer, le débarquement fut résolu et l'ennemi pris entre deux feux. Pendant que l'artillerie des Portugais entretenait un feu nourri, le canon de la jonque foudroyait l'armée malaise. En peu d'heures et malgré les efforts désespérés des assiégés, la place fut prise, et l'on put pénétrer dans Malacca. Albuquerque s'était porté en personne sur le point le plus exposé aux traits ennemis. Il allait s'engager dans une rue déserte, quand un soldat l'avertit de ne pas pénétrer dans ce lieu et, par ce conseil, lui sauva la vie. Les Malais y avaient creusé des trappes habilement cachées, et des pieux empoisonnés devaient faire périr dans d'affreux tourments ceux que l'ardeur du combat eût entraîné de ce côté de la ville.

Les Portugais, maîtres de la cité, y trouvèrent un immense butin. D'après les documents fournis par le vice-roi lui-même, trois mille pièces d'artillerie tombèrent entre les mains du vainqueur. Albuquerque fit distribuer aux soldats les richesses abandonnées par les fuyards ; il ne se réserva que quelques petits objets curieux qu'il voulait offrir à Emmanuel et garda pour lui-même six lions de bronze qui devaient orner son tombeau.

Ce désintéressement n'étonna personne. Toute cette génération de vieux Portugais alliait l'abnégation à la grandeur.

A Malacca, son administration fut telle qu'il eut bien vite conquis l'affection des indigènes ; les vaincus devinrent des sujets fidèles.

Ajoutons qu'en 1514, une seconde expédition d'Alburquerque contre Ormuz y consolida définitivement la puissance portugaise et que cette ville devint le centre d'un commerce immense, envié des Asiatiques. Sous le gouvernement de ce vice-roi, on a pu résumer ainsi la prospérité de la riche cité orientale : « Si Ormuz n'est pas le paradis, il en est bien près. »

Le grand administrateur faisait naître le bonheur, là où le grand capitaine avait semé la mort et la terreur. « Les cadavres des vaincus, a dit Camoëns, infecteront les plaines de Calayate, de Plascate, de Gérom. C'est ainsi que le ciel se manifeste en faveur de ces pieux héros qui propagent le culte de la vérité. Invincible Alphonse, tout le royaume d'Ormuz sera ta conquête, et tu le forceras à payer aux Portugais le précieux tribut des plus belles perles de Baharem.

« Combien de lauriers, combien de palmes glorieuses autour du front de ce grand capitaine, quand il escaladera les remparts de la superbe Goa. Le voici, il est maître de la place ; mais bientôt sa prudence l'oblige à l'abandonner, pour la reprendre dans une occasion plus propice. Elle arrive enfin, au gré de ses désirs, cette occasion si impatiemment attendue. Le voyez-vous ! il se jette au milieu d'une grêle de flèches, de balles et de traits qui volent dans les airs. Il ouvre, il enfonce à coup d'épée les nombreux bataillons des Indiens et des fils d'Ismaël. Son exemple enflamme ses soldats ; comme des lions affamés, ils renversent tout ce qui s'oppose à leur fureur : Goa reçoit pour toujours la domination de Lusus. Et toi, superbe et puissante Malacca, ni tes richesses, ni la force de ta position, ni tes peuples armés de flèches empoisonnées, ni l'arrivée et le secours des belliqueux Javanais ne pourront te protéger contre la valeur d'Albuquerque. »

Les hautes qualités d'Albuquerque commandaient à tous l'admiration ; mais, parmi les admirateurs il y avait des envieux. Comme capitaine et comme vice-roi, il essuya de vives contradictions, tant de la part du conseil d'Emmanuel que de celle des généraux alors employés dans l'Inde ; il suivit malgré tout, avec autant de succès que de persévérance, l'exécution d'un plan qui paraissait gigantesque. Il recevait les ambassadeurs des rois, réglait les tributs des peuples, creusait des ports, embellissait les cités, entretenait une police sévère parmi ses compatriotes et le respect du nom portugais parmi les peuples de l'Inde.

Tant de gloire et de grandeur lui suscita de nombreux ennemis. On parvint à effrayer Emmanuel et à lui persuader qu'Albuquerque ne travaillait qu'à se rendre indépendant du Portugal. Il fut rappelé.

Affaibli par les fatigues de la guerre et de sa vaste administration, il succomba sous le poids de cette disgrâce inattendue, le 16 décembre 1515, à l'âge de soixante-trois ans.

Dès qu'il sentit les approches de la mort, il prit les dispositions nécessaires pour assurer à son pays la tranquille possession des nouvelles conquêtes et donna des ordres pour que les travaux de la forteresse d'Ormuz, qu'on achevait d'édifier, ne fussent point suspendus. Il écrivit au roi pour lui recommander son fils, dont le sort le préoccupait, demanda qu'on le conduisît à Goa où il voulait mourir; puis, ayant fait venir son confesseur, il ne s'occupa plus que de l'éternité. Après avoir reçu les sacrements, il garda entre ses mains le crucifix, qu'il baisait pieusement, et pria le prêtre de lui lire la Passion de Notre-Seigneur Jésus-Christ, selon l'évangéliste saint Jean, à qui il avait toujours eu grande dévotion. Il demanda encore qu'on le revêtit des insignes de l'ordre de Saint-Jacques, dont il était commandeur, et le dimanche, une heure avant l'aurore, il rendit son âme à Dieu.

Sa mort jeta la consternation dans Goa. Les rois de l'Inde le pleurèrent, et les Hindous, qui le vénéraient et l'aimaient, disaient entre eux : « Il n'est pas mort, il est allé commander les armées du ciel. » Longtemps après sa mort, ils allaient à son tombeau pour lui demander justice des vexations de ses successeurs.

Le roi Emmanuel ne trouva de soulagement à ses regrets qu'en accablant d'honneurs et de récompenses le fils de ce grand homme.

Albuquerque était un catholique fervent, et la pensée qui le dominait était la destruction de l'empire antichrétien de Mahomet. Sa piété est simple et touchante. On raconte qu'étant sur mer, le navire donna contre un écueil, s'entr'ouvrit et commençait à sombrer. Albuquerque, voyant un petit enfant qui déjà se noyait, le saisit, le plaça sur ses épaules et dit que, sans doute, par la bonté de Notre-Seigneur, l'innocence de cet enfant les sauverait : ce qui arriva.

L'année suivante, étant sur la mer Rouge et cherchant le port d'Éthiopie, le capitaine et son armée aperçurent dans les airs une croix lumineuse, d'un rouge ardent, qui leur montrait ce qu'ils cherchaient. Tous les Portugais, prosternés à genoux, pleurèrent de joie, la saluèrent par des prières et des acclamations, au son des trompettes et au bruit du canon. Le viceroi envoya une relation authentique de ce prodige au roi de Portugal.

Avec Albuquerque, la domination portugaise dans l'Inde s'était constituée et affermie de telle sorte qu'elle n'avait plus rien à craindre des petits souverains orientaux, ni même du soudan d'Égypte, que Venise excitait toujours.

Après Vasco de Gama, Pacheco, Alméida, Albuquerque sont les noms qu'il faut placer à la tête des héros qui s'illustrèrent dans les Indes. Grâce à eux, à leurs victoires presque miraculeuses, la puissance portugaise y prend une merveilleuse expansion, et le poète peut chanter : « En avant, en avant, Lisbonne, le bruit de ta fortune a retenti dans le monde entier. »

>   Avente, avente Lisboa !
>   Que por todo o mundo soa
>   Rua prospera fortuna.

Par une disposition spéciale de la Providence, la route désormais était frayée de toutes parts pour aller aux Indes. Après les conquérants temporels, nous verrons surgir les conquérants des âmes. Le grand François-Xavier ira bientôt reprendre aux Indes l'œuvre de l'apôtre saint Thomas et poursuivre l'incessante croisade catholique pour la conversion du monde.

Depuis lors le travail des missionnaires ne s'est pas relenti et cependant des temps héroïques de Vasco de Gama et de saint François Xavier jusqu'à nos jours,

Saint François Xavier ira bientôt poursuivre aux Indes l'incessante croisade catholique pour la conversion du monde.

l'évangélisation de l'Inde a passé par des phases bien différentes.

Dans la première moitié de ce siècle, les Portugais défendant avec un acharnement jaloux les souvenirs d'un passé brillant, voulaient à tous prix conserver l'hégénomie spirituelle des missions de l'Inde. Il subsistait encore une hiérarchie ecclésiastique à peu près régulière avec un archevêque à Goa, des évêques à Cranganor, à Cochin et à San-Thomé de Méliapour. Ces sièges épiscopaux continuaient à être occupés ; mais, par suite de la décadence politique et religieuse du Portugal, les cadres du clergé inférieur étaient à peu près vides et cet état de choses nuisait grandement au développement des missions et au bien des âmes. Emu de cette situation notre Saint Père le pape Léon XIII appela à Rome un des vicaires apostoliques de ces contrées lointaines et, après de longs pourparlers avec le cabinet de Lisbonne, le Pape conclut un concordat qui fut signé le 23 juin 1886. Les quatre diocèses portugais étaient nettement délimités ; la couronne du Portugal recevait un droit de présentation pour quatre nouveaux diocèses, mais pour tout le reste de l'Inde la cour de Lisbonne et l'archevêque de Goa n'étaient plus chargés de l'organisation ecclésiastique. Ajoutons qu'au point de vue politique le Portugal ne possède plus actuellement dans l'Inde que les débris d'un empire colonial ; l'œuvre de Vasco de Gama est décidément morte. Mais non pas celle de l'Église catholique, car depuis l'heure où le grand navigateur aborda dans l'Inde, l'Europe n'a cessé d'y envoyer des ouvriers apostoliques dont le zèle, au-dessus de tout éloge, ne s'est jamais démenti malgré le succès très relatif de leur prédication. « Cette nation, écrivait un missionnaire il y a plus de cent ans, cette nation est si apathique, si indolente, si orgueilleuse, si stupide, si entêtée de ses préjugés, et si peu prévenue d'estime pour le christianisme qui passe pour la religion de la canaille et des parias, tandis que l'idolâtrie et le mahométisme sont sur le trône, que, sans une révolution et un coup de la toute-puissance de Dieu, je ne vois pas qu'on puisse venir à bout des obstacles. »

Et un écrivain catholique analysant un livre récent[1] s'exprime ainsi : « Malgré le nombre et le zèle des ouvriers, la moisson apostolique a été jusqu'ici assez médiocre dans l'Inde, où les chrétientés catholiques demeurent noyées dans le flot des multitudes infidèles. Un premier motif est peut-être l'absence de persécutions violentes. Tertulien formulait une loi mystérieuse de l'économie providentielle quand il disait que le sang des martyrs était une semence de chrétiens. Or, cette semence, si abondamment répandue jadis

---

[1] *Histoire des missions de l'Inde*, par Adrien Launay.

dans l'empire romain et naguère encore en Extrême-Orient, a fait à peu près complètement défaut aux Indes.

« Il faut encore et surtout tenir compte de l'état d'esprit des populations auxquelles s'adresse la prédication évangélique. Dans l'Hindoustan, comme partout, les Musulmans sont absolument réfractaires à l'apostolat. Les sectateurs de Brahma, au contraire, écoutent volontiers les missionnaires, les questionnent et se montrent disposés à recevoir le baptême : mais beaucoup d'entre eux obéissent à une simple curiosité religieuse ou philosophique ; avides d'initiation nouvelles, étrangers à la notion jalouse du monothéisme, ils ne se font aucun scrupule d'associer les pratiques chrétiennes aux cérémonies de leur ancien culte : de là tant d'apostasies. »

De là encore le côté pénible de la mission des prêtres au milieu des Hindous : aussi malgré la sublimité de sa vocation, le missionnaire, isolé au milieu de populations dont les idées et la civilisation lui sont étrangères, est exposé à des accès de découragement ou de nostalgie et il ne faut rien moins que de l'héroïsme des vertus, que seul le catholicisme inspire, pour poursuivre la lutte contre le fétichisme et la propagande musulmane dans les pays de l'Inde.

XIV

Pendant que ses compatriotes acquéraient aux Indes la gloire et la renommée, Vasco de Gama, laissé dans l'ombre de ce brillant tableau dont il avait été le rayon révélateur, avait peine à contenir son mécontentement. Non seulement on ne lui avait plus fourni l'occasion d'acquérir une gloire nouvelle, mais encore on lui marchandait les récompenses qu'il se croyait en droit d'espérer. Froissé dans ses sentiments comme dans son ambition, il se laissa gagner par l'amertume et, un jour, lassé d'attendre en vain les titres et les dignités qu'on lui avait promis, il écrivit au roi Emmanuel une lettre où perçait le reproche et où se lisait toutes ses déceptions. Il la terminait en demandant au roi l'autorisation de quitter le royaume avec femme et enfants, et d'emporter avec lui sa fortune mobilière.

La réponse du roi à cette singulière missive ne se fit pas attendre. Elle est datée de Lisbonne, le 17 août 1518, et écrite en termes pleins de calme et d'affabilité Emmanuel fait espérer à Gama qu'il sera fait droit à ses justes réclamations, mais il lui refuse pour le moment la permission de quitter le royaume. Il veut lui laisser jusqu'à la fin de décembre le temps de reconnaître son erreur; il espère qu'il ne poussera pas les choses à l'extrême, et qu'il continuera à servir son pays avec sa fidélité passée.

Si toutefois Gama ne changeait pas d'avis, après l'expiration de ce délai, le roi lui accordait toute liberté de s'expatrier avec sa femme, ses enfants, sa fortune, bien que cela lui fît sincèrement de la peine.

La lettre du roi était conçue en termes propres à calmer l'irascible Gama. Il ne quitta pas sa patrie, et le duc de Bragance, son ami et l'ami du roi, usa de son influence sur ce dernier pour obtenir enfin à l'amiral des Indes la propriété féodale qu'il désirait.

Pour faciliter l'arrangement de cette affaire, qui n'était pas sans présenter des difficultés, dom Jaimes de Bragance offrit de céder certaines de ses terres à Vasco de Gama : les deux petites villes de Vidigueira et Villa dos Prades. Le 4 novembre 1519, le duc donna pouvoir au bachelier João Alvès de renoncer en son nom à ces deux villes, pour le cas où le roi serait d'accord. En échange, Gama cédait au duc, à perpétuité, sa pension annuelle de 400.000 réaux et lui payait immédiatement la somme de 4.000 cruzades d'or.

Le roi ayant donné son consentement, le contrat fut signé par l'amiral dans la maison qu'il habitait alors à Evora et dont les peintures représentaient toutes des sujets indiens. Disons en passant qu'au commencement de ce siècle on voyait encore les traces de ces peintures et que cette rue a gardé le nom du grand navigateur.

Le duc de Bragance, en renonçant, en faveur de Vasco de Gama, aux villes de Vidigueira et de Villa dos Prades, lui en cédait également la jurisprudence civile et criminelle, les droits de suzeraineté et les revenus de toutes sortes. Le roi ratifia le traité et déclara que Gama et ses descendants posséderaient ces territoires de la même façon que les ducs de Bragance les avaient possédés, et ce, à cause des services éminents rendus à l'État par celui qui avait découvert la route des Indes.

Les Conseils communaux des deux villes, informés de la décision du roi, déclarèrent s'y soumettre, et alors eut lieu la transmission solennelle des villes, de leurs forteresses et de leur territoire sous la domination de Vasco de Gama. Le même jour, le roi conféra à l'amiral le titre de comte de Vidigueira, avec tous les avantages et libertés attachés à ce titre. Peu après,

Vasco quitta Evora pour Vidigueira où il vint avec sa belle famille : sa femme, Catherine d'Atayde, sa fille Isabelle et ses six fils, dont cinq devaient plus tard prendre du service dans les Indes.

De 1520 à 1523, le silence le plus complet se fait de nouveau autour du nom de Gama.

Un événement qui dut profondément l'émouvoir fut la mort du roi au service duquel il s'était illustré. Le 10 décembre 1541, Emmanuel à l'âge de cinquante-deux ans, mourut presque subitement à Lisbonne, dans son palais, au bord du Tage.

Avec ce monarque finit la plus belle et la plus heureuse période de l'histoire du Portugal. Sans être d'un génie transcendant, il conduisit durant un quart de siècle, avec habileté et prudence, les destinées de son royaume. Instruit et persévérant, Emmanuel le Fortuné sut admirablement profiter des travaux de son prédécesseur Jean II, celui qu'Isabelle de Castille a caractérisé d'un mot : « L'homme est mort, » s'écria-t-elle en apprenant la fin du monarque.

Par les hautes qualités de son intelligence, par sa force d'action, Jean II méritait cet éloge suprême. Au point de vue dont nous nous préoccupons ici, il doit être considéré comme le premier promoteur d'une découverte à la suite de laquelle les relations commerciales de toute l'Europe furent changées. C'est le vrai précurseur de Gama.

Emmanuel avait commencé la moisson, son fils Jean III l'acheva. Tous deux consacrèrent leur vie à réaliser la vaste pensée de Jean II. Aussi n'est-ce pas en Portugal même qu'il faut observer l'histoire de cette époque, mais en Afrique, dans le nouveau monde, dans l'Inde.

A l'époque de l'avènement de Jean III, la marine portugaise avait subi de grandes modifications et s'était développée. Trois cents vaisseaux de toute dimension constituaient les forces navales dont le roi pouvait disposer. Et pour donner une idée de l'importance du commerce, disons qu'en un seul jour on vendit à Lisbonne pour 700.000 cruzades de drogues et d'épices; les transactions, ce jour-là, furent telles qu'on n'en avait pas encore vues de semblables. Ce furent sans doute ces magnifiques résultats qui engagèrent Jean III à concentrer tout d'abord son attention et ses soins dans les conquêtes des Indes.

Des intérêts d'un autre ordre, mais non moins importants, semblaient d'ailleurs réclamer pour l'empire colonial une vigoureuse administration. Après plusieurs années de gloire sans nuages, la domination portugaise aux Indes était entrée dans une période d'abus administratifs, contre lesquels il était grand temps de réagir. Jean III crut ne pouvoir mieux rétablir la réputation des Portugais, flétrie par l'avarice du vice-roi Édouard de Menezès et de ses officiers, qu'en envoyant dans les Indes Vasco de Gama, à qui on en devait la découverte.

Ce n'était que justice et justice tardive : depuis vingt et un ans le grand explorateur n'avait pris part à aucune expédition, depuis vingt et un ans il attendait que l'heure d'une entière réparation sonnât enfin pour lui. Il y avait trois ans qu'Emmanuel était mort, lorsque Jean III songea à lui faire oublier l'inexplicable éloignement des affaires où il avait été tenu.

En conséquence, l'almirante des mers de l'Inde fut décoré du titre de vice-roi, et, malgré son âge déjà avancé, partit de Lisbonne, le 9 avril 1524, à la tête de dix vaisseaux et de trois caravelles.

Lorsqu'il arriva sur la côte de Cambaye, il fut d'abord surpris par un calme absolu ; puis tout à coup, et sans aucune raison apparente, une agitation inaccoutumée se manifesta au sein des eaux. Rien n'indiquait les signes ordinaires qui accompagnent une tempête, et cependant les flots se gonflèrent ; il s'éleva des vagues énormes, des chocs violents heurtèrent le navire. Les matelots, saisis d'étonnement et d'effroi, pâlirent ; il y eut un moment d'affreux silence, auquel succéda un cri de terreur folle. Personne n'avait reconnu un tremblement de terre sous-marin. Seul, Vasco de Gama conserva sa tranquillité au milieu de ces sinistres présages et se contenta de dire : « De quoi avez-vous peur ? *C'est la mer qui tremble devant nous.* » Il y a dans la poétique exagération de ce mot quelque chose qui va bien à ces conquérants de royaumes dont l'œuvre ne fait que commencer, et qui désormais doivent braver tout, jusqu'au trouble des éléments.

Le vieux chroniqueur qui raconte l'événement affirme que le tremblement de terre sous-marin eut lieu un mercredi de la Notre-Dame de septembre, et l'on remarqua, dit-il, que le soubresaut rendit la santé à beaucoup de gens dévorés par la fièvre.

La flotte continua sa route sans incident nouveau et arriva à Chaul où avait été construite, dans les années précédentes, une imposante forteresse. L'amiral fit jeter l'ancre dans ce port. Puis, conformément aux ordres qu'il avait reçus de Jean III, il se fit officiellement reconnaître comme vice-roi des Indes. Cette formalité remplie et son gouvernement accepté, il se mit immédiatement en devoir de réprimer les abus sans nombre qui s'étaient introduits sous la vice-royauté d'Édouard de Menezès. Prévoyant que celui-ci voudrait s'arrêter à Chaul en revenant de son quartier d'hiver d'Ormuz, Gama ordonna à Christophe de Souza, gouverneur de la forteresse, de lui défendre l'entrée de la ville, de l'envoyer directement à Cochin et de ne lui accorder des munitions que pour quatre jours.

Après un court séjour dans cette place, durant lequel personne de l'équipage ne put mettre pied à terre, pas même les malades, Gama repartit pour arriver dans la capitale de Goa vers la fin de septembre. Il avait hâte de voir les magnificences naissantes de cette place ; mais les désordres qu'il y trouva étaient des plus graves, et le nouveau vice-roi fut obligé d'agir avec la dernière sévérité. Il commença par destituer le commandant de la forteresse, qui était détesté du peuple à cause de ses rapines et de ses violences. Après une information sommaire, il fut condamné à rendre tout ce qu'il avait pris et fut remplacé par Henri de Menezès, celui-là même qui, quelques mois plus tard, devait succéder à Gama. Jamais choix ne fut plus heureux, et cette nomination devait gagner au vice-roi la reconnaissance du peuple. Henri de Menezès était si généreux et portait le désintéressement si loin qu'à sa mort on ne trouva dans ses coffres que 100 ducats et qu'il fallut emprunter de l'argent pour les frais de ses funérailles.

De plus, par son attitude énergique en cette circonstance, Gama donnait satisfaction au mécontentement général et faisait en même temps comprendre aux fonctionnaires portugais, toujours portés à abuser de leur pouvoir, qu'ils trouveraient en lui un maître aussi juste que sévère.

Les prescriptions de Gama, dans cette capitale de l'empire colonial, tendaient surtout à réprimer le luxe effréné qui s'était introduit parmi les soldats et les matelots. Il fut stipulé qu'à l'avenir aucun soldat ne porterait de manteau, si ce n'est le dimanche et les jours de fête pour aller à l'église. En cas de contravention, le manteau devait être arraché de dessus les épaules du coupable et celui-ci mis au carcan durant toute une journée. Les pages élégants qui encombraient les armadas n'y furent plus tolérés, mais en revanche les ordonnances d'officiers furent obligés d'être en tenue à bord, et ce, aux frais de l'État.

Gama agit énergiquement et sans considération pour les personnes, contre les désordres officiels qui désorganisaient l'État. La dilapidation était telle que le vice-roi dut faire réclamer toute une série de canons de l'arsenal royal, qui se trouvaient entre les mains de marchands, lesquels, sans plus de façon, en armaient leurs propres vaisseaux. Il était d'ailleurs passé dans les mœurs de se servir, sans aucun scrupule, de tout ce qui était propriété royale.

L'administration des finances était encore plus déplorable. On avait pris l'habitude de donner les emplois à titre de récompense pour les services rendus, sans, du reste, tenir aucun compte de l'honnêteté et de la capacité du candidat. Celui-ci une fois nommé pouvait, sans avoir à redouter aucun contrôle, user et abuser de ses fonctions pour s'enrichir. Tandis que la cassette royale était toujours vide, les fonctionnaires acquéraient, en peu d'années, de grosses fortunes. Le vice-roi voulut agir sans retard. Il fit arrêter une série de fonctionnaires qui avaient détourné les revenus de la couronne et fit ouvrir contre eux une enquête minutieuse. Désormais, pour reconnaître les services rendus, il serait accordé des distinctions et des pensions, mais non pas des emplois. Les marchands furent tenus de se conformer plus strictement aux dispositions de la loi commerciale et obligés de payer rigoureusement les taxes auxquelles ils étaient soumis.

Quand ces dispositions furent prises, l'amiral fit voile pour Cochin où les vaisseaux, qui devaient partir pour le Portugal, attendaient leur chargement.

L'amiral ne connaissait plus le repos, son activité ne chômait pas un instant. De nouvelles flottes furent remises à la voile, les cargaisons d'épices expédiées. Les corsaires qui, grâce à la négligence des forteresses portugaises, s'étaient multipliés dans les eaux indiennes furent sans merci pourchassés par d'habiles croiseurs. Enfin, une puissante armada, richement appareillée, devait porter jusque dans la mer Rouge la guerre contre les Maures. Mais les jours de l'amiral étaient comptés. En arrivant à Cochin, il se sentit malade, et le triste état dans lequel il trouva les affaires ne contribua pas peu à augmenter son mal. Néanmoins sa force de volonté ne se démentit pas. Son prédécesseur, Édouard de Menezès, qu'il avait fait appeler à Cochin, n'y était pas encore arrivé. Prévoyant sans doute l'accueil qui lui serait fait, il n'était pas pressé de quitter Ormuz. Enfin, après des jours et des semaines d'attente, Gama reçut l'avis qu'il venait d'aborder à Cochin. Aussitôt le vice-roi lui fit défendre de descendre à terre et lui ordonna, au nom du roi, de se constituer prisonnier à bord du *Castillo*.

Édouard refusa d'obéir, disant qu'une disposition du décret qui l'avait nommé le laissait libre de choisir pour son retour en Portugal le vaisseau qu'il lui plairait et qu'en conséquence il se rendait à bord du *Saint-Georges*.

Gama lui fit répondre que la disposition qu'il invoquait ne le concernait plus, puisque ce n'était pas comme homme libre, mais comme prisonnier qu'il quittait les Indes, qu'en conséquence il lui réitérait ses ordres. Édouard passa outre et s'installa sur *le Saint-Georges*.

L'amiral n'était pas homme à se laisser intimider. Il ordonna de placer de chaque côté du *Saint-Georges* deux vaisseaux avec une forte artillerie et leur donna l'ordre de couler le bâtiment, si Édouard persistait dans son refus d'obéir.

Devant cet ultimatum, le frère du coupable, Louis de Menezès, demanda à servir d'intermédiaire et, à force de supplications, décida Édouard à se rendre à bord du *Castillo*. Mais, pendant ce temps, les factieux, prenant parti les uns pour les autres, contre Gama, agitaient la ville ; les conflits s'aggravaient, et un instant on craignit qu'on en vînt aux mains. Le départ d'Édouard de Menezès ramena la tranquillité ; une fois de plus la volonté de fer de Gama avait triomphé des difficultés ; mais ses forces étaient à bout. Sa maladie — il s'agissait d'abcès dans la région cervicale — augmenta rapidement.

Le grand navigateur, auquel les historiens du XVI° siècle se plaisaient à donner le titre de comte-amiral, mourut dans la nuit du 24 au 25 décembre 1524, sur cette terre dont il avait indiqué le chemin à ses compatriotes un quart de siècle auparavant.

Sa dépouille, enveloppée du manteau de l'Ordre du Christ, fut inhumée en grande pompe dans l'église des Franciscains.

Grand capitaine, Vasco de Gama se montra encore grand administrateur. Supprimer les abus de la conquête, punir les coupables, rétablir la paix entre les Portugais et les Indiens, tout cela fut réalisé pendant trois mois et vingt jours qu'il fut au pouvoir. Les mesures répressives qu'il prenait sur son lit de mort prouvent assez ce que serait devenue, sous son gouvernement, une administration à laquelle il avait déjà su rendre sa première vigueur. Il y avait en Gama un rare esprit de prévoyance, un rare souci de la gloire nationale. On lui a reproché d'avoir été ambitieux, mais il l'était surtout de la grandeur et de la prospérité de sa patrie, et tout fait présumer que, s'il eût pu achever son mandat, il eût conduit plus rapidement encore les États de l'Inde vers ce degré de splendeur qui devait bientôt frapper les Européens.

Les contemporains de Gama le représentent comme étant de taille moyenne, mais très gros, surtout dans les dernières années de sa vie. Ainsi que Colomb, il se laissait facilement aller à des accès de colère, et, dans cet état d'emportement, l'expression de son regard devenait terrible. Dans les rapports habituels de la vie, ses manières étaient affables et d'une dignité pleine de grâce. Taillé pour les plus rudes travaux, il avait la décision prompte, l'exécution hardie, le commandement sévère, presque dur. On le savait inflexible dans l'application des peines qu'il avait imposées pour sauvegarder les droits d'une austère justice. Les traits de douceur manquent à peu près complètement dans sa vie ; ce n'est que dans ses relations avec son frère Paulo que l'on peut deviner une certaine tendresse de cœur chez cet homme né pour le commandement.

C'était une nature de conquistador ; mais il faut, pour le juger, se reporter à son époque. Continuellement en lutte avec le mensonge musulman et la ruse orientale, il s'irrite jusqu'à la cruauté contre ces ennemis, dont la perfidie égale la cupidité ; il partageait du reste l'idée, commune alors à tous les Européens, que c'était servir la civilisation que de chasser des eaux indiennes, par tous les moyens possibles, les navigateurs arabes, et de poursuivre partout l'Islam par le fer et le feu. Néanmoins, même en faisant la part de l'influence de l'époque et des idées courantes, nous sommes obligé de reconnaître qu'il y avait en Gama une raideur de caractère qui semble avoir inspiré à son entourage plus de crainte que de sympathie. Nous ne trouvons pas en lui la nature agitée de Colomb, ni cet enthousiasme poétique qui éprouvait le besoin de s'épancher sans nuire cependant à sa vie intérieure, poussée jusqu'à la vision. La personnalité de Gama se refuse, au contraire, à toute effusion ; c'est l'homme positif qui sait ce qu'il cherche, ce qu'il veut, où il va. Il y a du terre à terre dans le caractère de ce marin qui semblait commander à l'Océan.

Et cependant, malgré cette profonde dissemblance, ils furent l'un et l'autre les hommes de la situation.

Pour réaliser l'œuvre de Christophe Colomb, il lui fallait une nature impressionnable, une imagination puissante, qui lui faisait pressentir l'invisible et l'inconnu, tout en le conduisant parfois aux erreurs les plus extraordinaires. Le voyageur portugais n'a jamais connu cette force créatrice, mais elle ne lui était pas nécessaire pour le conduire à son but. Colomb n'avait été précédé par personne dans sa course aventureuse vers l'Occident; Gama, au contraire, s'était proposé une tâche bien définie d'avance. Son voyage est historiquement le résultat glorieux, mais prévu, de toute une série d'entreprises précédentes. Comme nous l'avons vu, Barthélemy Diaz avait déjà, en 1487, doublé le cap de Bonne-Espérance; depuis, Pedro de Covilhao avait gagné par le Caire les côtes du Malabar, et l'on était convaincu qu'il était possible de pénétrer dans le pays des épices par la voie maritime. Néanmoins, pour atteindre ce but si longtemps poursuivi, il fallait un navigateur tel que Gama, expérimenté, courageux jusqu'à la témérité, ne reculant devant aucun obstacle, absolu dans le commandement, sachant à son gré faire plier les hommes, possédant une énergie poussée jusqu'aux dernières limites de l'inflexibilité, ne reculant jamais, ne cédant pas un pouce de terrain, lors même qu'il voit son équipage mourir en masse.

Vasco de Gama était fait pour cette tâche. Au point de vue de son habileté comme navigateur, il n'est guère au-dessous de Christophe Colomb, et, quant aux résultats de son entreprise, ils ont été aussi importants que la découverte de l'Amérique. Dans l'histoire du commerce international, ses voyages font époque, et l'on peut dire que l'illustre Vasco de Gama n'appartient pas seulement à l'histoire de son petit pays, mais à l'histoire universelle.

Il restera l'un des hommes les plus remarquables qu'aient produit les temps anciens et modernes. On conçoit tout ce qu'il dut avoir à souffrir des accidents de la mer, de l'inexpérience des pilotes, du découragement que les fatigues d'un si long voyage amenaient fréquemment parmi ses compagnons ; mais il était doué d'une âme forte, d'une persévérance à toute épreuve et de cette puissance de volonté qui enchaîne toutes les volontés à la volonté d'un seul.

Le grand Portugais fut d'abord inhumé à Cochin, puis on lui éleva un tombeau à Travancor. Ce ne fut qu'en 1538 que ses restes furent transportés en Europe, où Jean III lui fit rendre les plus grands honneurs. Le cercueil fut solennellement conduit à un quart de lieue du bourg de Vidigueira, dans la petite église de *Nossa-Senhora das Reliquias*, faisant jadis partie d'un couvent de Carmes déchaussés aujourd'hui éteint. Le célèbre navigateur repose dans cette chapelle où deux de ses descendants ont reçu également la sépulture. Sur la pierre tombale qui le recouvre, on a inscrit cet épitaphe, où, comme dans le poème de Camoëns, une tradition mythologique s'unit à l'un des plus grands souvenirs des temps modernes :

Aqui jaz o grande argonauta D. Vasco da Gama
Primiero conde da Vidigueira, almirante das
Indias orientaes
E su famoso descubridor.

(Ici repose le grand Argonaute dom Vasco de Gama, premier comte de Vidigueira, amiral des Indes et leur fameux explorateur.)

En 1840, cette tombe, respectée jusqu'alors, fut indignement violée ; deux des pierres qui couvrent la sépulture furent arrachées violemment. Le cercueil ne fut pas mieux respecté ; on en tira plusieurs objets précieux, et quelques-uns des ossements du grand homme furent brisés.

Quatre ou cinq ans après cette profanation, la tombe fut réparée en attendant que le Portugal, jaloux de sa gloire d'autrefois, donnât au plus grand de ses fils une sépulture digne de lui.

Or, en l'année 1898, à l'occasion du quatrième centenaire de la découverte des Indes, tout le peuple portugais s'est levé au souvenir de sa puissance d'antan ; le nom de Vasco de Gama a couru sur toutes les lèvres, et le royaume entier, au milieu des fêtes et des démonstrations patriotiques, à vécu pendant quelques jours de la vie grandiose de ses ancêtres, contemplé en une rapide féerie les merveilles de son passé. D'un bout à l'autre du pays le même cri de joie se fait entendre ; les villes se pavoisent, les fleurs jonchent les routes, l'hymne national sort de partout ; les banquets, les cortèges historiques, les illuminations, les fêtes navales, se succèdent. Les rochers eux-mêmes s'éclairent de mille couleurs, les vaisseaux s'enguirlandent de lampions; les feux d'artifice s'élèvent de tous côtés. Partout on revoit le portrait de Gama; le Gouvernement fait émettre des timbres commémoratifs.

Et ces fêtes organisées en l'honneur du vieux marin s'embellissent encore des beautés de ce ravissant pays. La nature s'est mise à l'unisson; jamais les orangers, les citronniers, les oliviers, les eucalyptus, les lys roses et les hortensias bleus n'ont offert un plus gracieux coup d'œil; jamais la mer n'a été plus admirable, le Tage plus majestueux, les rochers plus imposants.

Au milieu de ce décor, les Portugais fêtent leur héros avec un entrain dont on ne peut se faire l'idée, et les étrangers éprouvent un sentiment de mélancolie à contempler l'enthousiasme de ce pays, qui s'acharne à déclarer qu'il veut vivre et qui tient à prouver qu'il a la volonté de revivre.

La France, elle aussi, dans une fête qui réunissait l'élite de la Société parisienne, a glorifié la mémoire du grand navigateur portugais. Elle voulait, par cette belle manifestation, prouver une fois de plus à l'univers entier qu'elle est toujours là pour applaudir et encourager tout ce qui est grand, noble et généreux, pour reconnaître les services rendus à l'humanité, au progrès et à la civilisation, à quelque nation qu'appartiennent les hommes de cœur qui ont travaillé à ces grandes œuvres. Les orateurs se sont plu à exalter le génie, la ferveur religieuse et la grandeur d'âme du héros, et le représentant du roi de Portugal à Paris a remercié la France d'avoir, en cette circonstance, témoigné sa sympathie « au vaillant petit peuple ».

Près de la cathédrale du vieux Goa on voit encore l'antique arc de triomphe sur lequel est placée la statue de Vasco de Gama. A sa base on lit cette inscription écrite en langue portugaise :

« Sous le règne de Philippe Ier, la cité a fait placer ici dom Vasco de Gama, premier comte-amiral, explorateur et conquérant des Indes ; étant vice-roi, le comte dom Francesco de Gama, son arrière-petit-fils, en l'année 1597.

La statue domine les vastes ruines dont elle est environnée, comme la renommée du héros qu'elle représente a survécu à la prospérité de la nation à laquelle il a légué tant de gloire.

XIV

Nous ne pouvons terminer cette étude sur Vasco de Gama, sans dire un mot de celui qui s'est immortalisé en chantant le héros portugais, de Comoëns, le grand poète, que nous avons plusieurs fois cité au cours de ce récit.

En l'année même où Vasco de Gama mourait sur la terre de l'Inde, Luiz de Comoëns naissait à Lisbonne. Son père, capitaine de vaisseau, émigré d'Espagne, était sans fortune, mais appartenait à une famille noble. Ses relations lui permirent de faire donner à son fils une bonne éducation : le jeune homme entra à l'Université de Coïmbre, où il étudia les littératures anciennes, l'histoire et la philosophie. Sa verve poétique s'éveilla de bonne heure et son talent lui ouvrit bientôt les portes de la cour, où il reçut le plus favorable accueil. Ayant eu le malheur de déplaire au roi, il fut exilé à Santerens, à l'âge de vingt-quatre ans et se consola de sa disgrâce, en étudiant les sciences et en élaborant le plan de son épopée *les Lusiades*, cet admirable relation des hauts faits de Gama.

Mais le jeune poète était pauvre et sa détresse le contraignit à s'enrôler pour faire comme mercenaire, la campagne du Maroc. Il se battit vaillamment à Ceuta où il perdit un œil. Le roi, instruit de sa bravoure, le rappela de l'exil. Heureux de revoir sa patrie, il rentra à Lisbonne où il espérait trouver un emploi qui lui permit de gagner sa vie. Mais la fortune ne devait pas sourire à Camoëns ; il fit de longues et pénibles démarches qui toutes restèrent infructueuses. Déçu et découragé, il résolut de quitter à jamais son pays, et se fit inscrire comme matelot d'une flottille portugaise qui partait pour les Indes Orientales. Il vendit ainsi sa liberté qui lui était si chère pour 2.400 réis, c'est-à-dire pour un peu moins de quinze francs.

Comme à Ceuta, il fut courageux et vaillant, prit part à de nombreux et terribles combats contre les pirates, et enfin aborda à Goa en septembre 1553.

Les tempêtes que la flottille eut à affronter, les combats navals qu'elle eut à soutenir parlaient bien haut à cette riche imagination du poète ; aussi, au milieu même du tumulte de la guerre et des multiples émotions d'un long voyage maritime, Camoëns travailla sans relâche aux *Lusiades*. Il ne déposait l'épée que pour prendre la plume, ne cessait de combattre que pour rêver.

Mais le poète était encore un observateur ; sous sa plume, se trouvait parfois des mots acerbes, trop vrais pour être du goût de ceux qui détenaient le pouvoir. Une satire *Disparates na India*[1], dans laquelle il révélait la situation déplorable de la colonie portugaise aux Indes, déplut au gouverneur, Francisco Barreto, qui le fit arrêter et transporter à Macao sur la côte de Chine. Durant les cinq ans qu'il y resta, Luiz de Camoëns acheva son poème. Il se retirait pour écrire dans une grotte spacieuse que l'on montre encore aujourd'hui. C'est dans cette austère retraite que, faisant appel à ses souvenirs, il revoyait par la pensée les orages et les batailles.

Son travail était fini, quand il obtint du nouveau vice-roi des Indes, Constantin de Bragance, la permission de revenir à Goa.

Mais le poète n'était pas au bout de ses tribulations. Pendant la traversée, le vaisseau qui le ramenait fit naufrage. Tout périt, corps et bien, à l'embouchure du Cambodge, et Camoëns ne trouva le salut

---

[1] Les folies commises aux Indes.

qu'en se sauvant à la nage ; il tenait d'une main, au dessus des flots, son précieux manuscrit. Le poème et le poète furent sauvés, mais celui-ci ne devait pas jouir longtemps du repos qu'il se promettait. A peine arrivé à Goa et remis de ses émotions, il fut poursuivi pour dettes ; ses créanciers le firent emprisonner. Il se tira de là, en écrivant une fort belle prière de vers qu'il adressa au vice-roi. Celui-ci, flatté et touché, fit rendre la liberté au spirituel auteur.

Camoëns résolut alors de rentrer en Portugal, se disant que peut être la faveur royale l'aiderait à obtenir quelque poste officiel. Malheureusement, l'argent lui manquait pour entreprendre le voyage ; l'ancien gouverneur de Goa, Francisco Barreto, qui occupait alors les mêmes fonctions à Sofala, s'offrit à lui prêter la somme nécessaire pour payer le prix de la traversée.

Barreto, qui n'avait pas pardonné à Camoëns sa satire, n'avait d'autre intention, en agissant ainsi, que de faire venir Camoëns à Sofala, pour lui réclamer le remboursement immédiat du prêt. Il savait que le poète ne pouvait lui rendre son argent et avait dessein de le jeter en prison pour donner satisfaction à sa rancune. Mais les matelots, qui s'était attachés à Luiz de Camoëns, et les autres passagers se cotisèrent, payèrent les frais du voyage et Barreto, intégralement remboursé, fut trompé dans ses méchants calculs.

Enfin, après seize ans d'absence, Camoëns allait revoir sa patrie, rentrer dans sa chère Lisbonne. Mais, ici encore, des revers l'attendaient. On était en 1569 et la peste désolait cruellement la cité; ses amis avaient disparu, la mort avait creusé bien des tombes, toute la ville était en deuil. Ce n'était ni l'heure, ni le moment de faire imprimer son poème; qui donc l'aurait lu, qui s'en serait soucié, alors qu'on songeait uniquement à se préserver du fléau? Ce ne fut qu'en 1572 qu'il put le faire paraître. Il le dédia au jeune roi Sébastiào qui accorda au poète une pension d'environ cent francs; c'était bien peu de chose. Luiz de Camoëns serait mort de faim si le fidèle Antonio, qu'il avait ramené de ses voyages et qui ne l'avait jamais quitté, n'était allé mendier pour lui dans les rues de Lisbonne.

Six ans passèrent. Le jeune roi, dans une chevaleresque expédition contre les Maures d'Afrique périt à Alacar avec la fleur de ses gentilshommes et l'élite de ses soldats. Tout était perdu. Camoëns, le plus grand patriote que le Portugal ait jamais eu, fut frappé au cœur par la chute de sa patrie. Triste, brisé, il tomba malade. Les souffrances morales et la misère l'avaient épuisé : on le transporta à l'hôpital et il y mourut le 10 juin 1580. Il n'avait pas même une couverture pour se réchauffer, dit le religieux qui le veilla durant la dernière nuit et l'assista dans son agonie.

Quinze ans plus tard, en l'année 1595, Gonçalo Coutinho retrouva les restes du poète et en obtint la translation dans l'église de Sainte-Anne, appartenant au couvent des Franciscaines. Une plaque commémorative rappelait les malheurs et la gloire de Camoëns.

AQUI JAZ LUIS DE CAMOES
PRINCIPE DOS POETAS DE SU TEMPO :
VIVEN POBRE E MESERAVELMENTE
E ASSIM MORREU O ANNO MDLXXIX.

(Ci-gît Luiz de Camoëns, le premier poète de son temps ; il vécut pauvre et malheureux et mourut de même).

En 1755, le tremblement de terre de Lisbonne détruisit l'église de Sainte-Anne ; on ne retrouva pas la tombe de Camoëns et personne ne sait aujourd'hui où sont ses restes. Mais sa statue orne une des places de Lisbonne et on a célébré, en 1880, de grandes fêtes littéraires en son honneur. Personne ne fut plus que lui persécuté par le sort durant sa vie, personne ne fut, après sa mort, plus illustre et plus admiré.

Et ce qui fait naître cette universelle admiration, c'est que l'œuvre du poète est tout entière inspirée par l'amour de la patrie, amour enthousiaste, qui éclate dans toutes les strophes. Camoëns a voulu immortaliser le peuple portugais tout entier en racontant les exploits et les aventures des intrépides navigateurs qui, sous la conduite de Vasco de Gama, affrontèrent les périls de l'Océan. Ses *Lusiades* sont par excellence l'épopée maritime ; dans aucune autre œuvre, l'immensité, la majesté de l'Océan, ne se déploient avec cette magnificence. Camoëns est un peintre de marine, un soldat, un navigateur : il a vu les scènes qu'il retrace, assisté aux batailles qu'il décrit. Il est surtout un ardent patriote et dès le début du poème, il indique quelle en sera la note dominante :

> Vereis amor da patria, não movido,
> De premio vil, mas alto e quasi eterno.

« Vous trouverez ici l'amour de la patrie que ne dicte aucun intérêt vulgaire, mais qui, toujours élevé, est en quelque sorte éternel. »

De nos jours le percement de l'isthme de Suez a

singulièrement abrégé le voyage aux Indes et diminué pour nous l'importance de l'œuvre de Vasco de Gama, mais tant que la jeunesse studieuse lira les *Lusiades* elle rendra un juste hommage au héros de Camoëns et la gloire de l'illustre navigateur restera grande et belle.

FIN

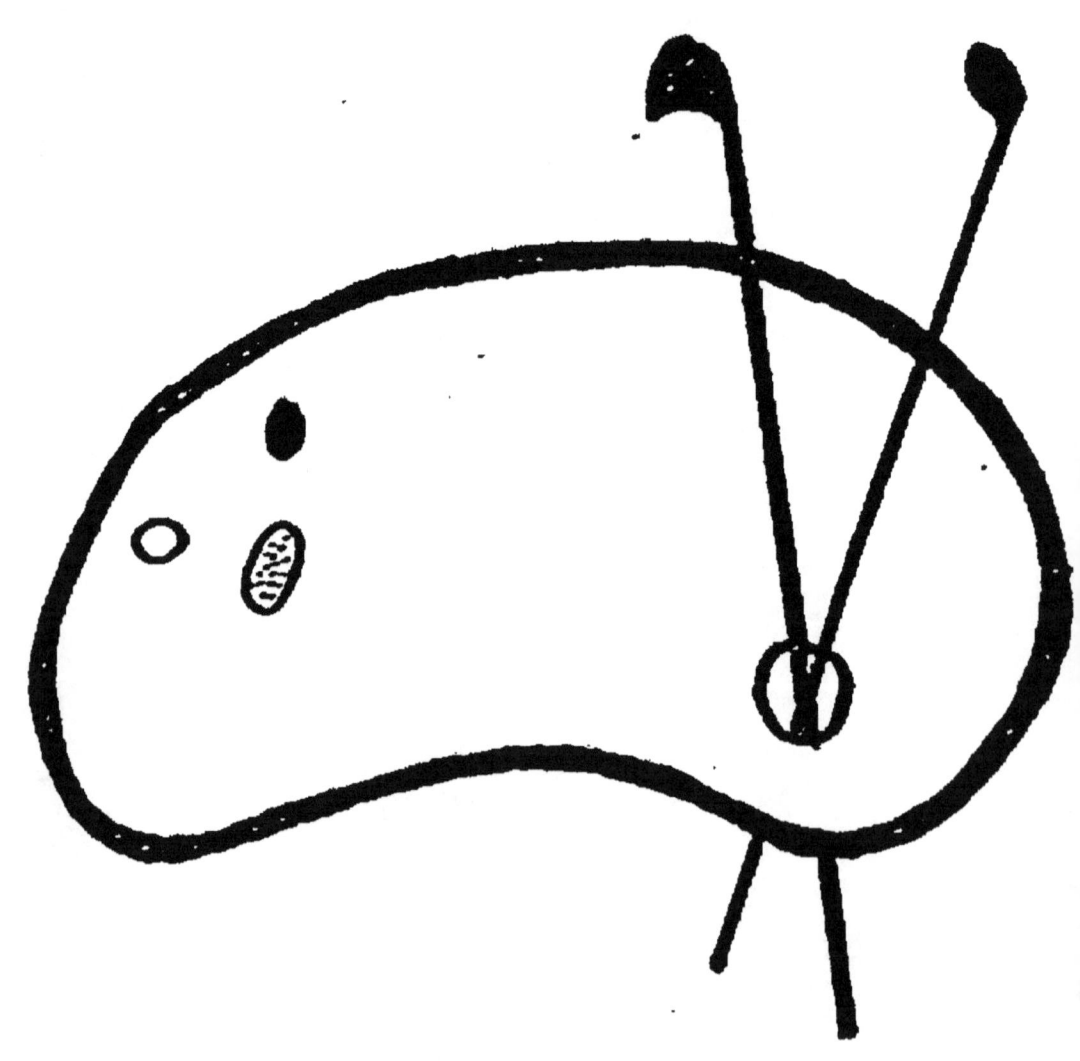

ORIGINAL EN COULEUR
NF Z 43-120-8

www.ingramcontent.com/pod-product-compliance
Lightning Source LLC
Chambersburg PA
CBHW071900160426
43198CB00011B/1176